Colene Sawyer

*Warum gerade Du?*

Colene Sawyer

# *Warum gerade Du?*

## Die verborgene Logik der Partnerwahl

Aus dem Amerikanischen von
Alwine H. Schuler

ARISTON

Die amerikanische Originalausgabe erschien unter dem Titel
*Fishing by Moonlight. The Art of Choosing Intimate Partners*
bei North Star Publications, Georgetown, Massachussetts.

Die Deutsche Bibliothek – CIP-Einheitsaufnahme
Colene, Sawyer:
Warum gerade Du? : die verborgene Logik der Partnerwahl / Sawyer
Colene. Aus dem Amerikan. von Alwine Schuler. – Kreuzlingen/München :
Hugendubel, 1999 (Ariston)
Einheitssacht.: Fishing by moonlight <dt.>
ISBN 3-7205-2099-4



Umschlaggestaltung: Zembsch' Werkstatt, München, unter Verwendung
eines Fotos von Stockmarket, Düsseldorf.
Produktion: Tillmann Roeder, München
Satz: SatzTeam Berger, Ellenberg
Druck und Bindung: Clausen & Bosse, Leck
Printed in Germany

ISBN 3-7205-2099-4

# Inhalt

## Widmung

An meine ehemaligen Ehemänner John und Phil in Dankbarkeit für die Erfahrungen, die ich durch sie machen konnte.

An meine vier erwachsenen Kinder – Steven, Laurie, Eileen und Daniel – und ihre Ehepartner. Ich habe enorm viel von ihnen gelernt.

An meinen Gatten Fred Schlaepfer in tiefer Liebe und Dankbarkeit. Gemeinsam haben wir die Art von Beziehung geschaffen, von der ich immer wußte, daß es sie gibt. Davon will ich hier berichten.

# Einleitung

## Über dieses Buch

Heute ist mein Hochzeitstag. Meine vier erwachsenen Kinder und sechs Enkelkinder haben sich eingefunden, um mit mir zu feiern. In meinem Bräutigam, dem künftigen Ehemann, habe ich genau den Lebenspartner gefunden, den ich möchte und brauche. Ich strahle, während ich den kurzen Gang zwischen den Stühlen, auf denen die Familienmitglieder Platz genommen haben, durchschreite. Jenseits der Backsteinveranda erstreckt sich das Meer bis zum Horizont, und die Wellen schlagen an den Strand.

Ich suche nach dem Gesicht meines Teuren. Als wir uns ansehen, steigen uns Tränen der Freude und Liebe in die Augen.

Wie konnte es zu einem solch zauberhaften Augenblick überhaupt kommen? Ich weiß, daß es kein Zufall ist – und bestimmt auch kein Glück. Später werde ich mir die Zeit nehmen und über mein Leben nachdenken, mich daran erinnern, was mich zu diesem glücklichsten Tag meines Lebens geführt hat. Ich erinnere mich an einen äußerst schmerzlichen Anlaß vor sieben Jahren. Meine zweite Ehe, von nur drei Jahren Dauer, ging zu Ende. Die qualvolle Frage, die mir im Gehirn brannte und mich in diesen endlosen Nächten nicht schlafen ließ, war: »Was hatte mich dazu bewegt, nicht nur einen, sondern zwei Ehemänner zu wählen, die nicht zu mir paßten?«

Wie war es möglich, daß das, was ich am meisten fürchtete – eine mißglückte Beziehung mit nachfolgender Scheidung – ausgerechnet mir passierte – der Ehetherapeutin, Mutter von vier lieben Menschen, Tochter aus gutem Haus, Schwiegertochter eines beliebten Methodistenpfarrers! Es war mir klar, daß ich meine Ehemänner nicht dafür anklagen konnte, sie gewählt zu haben. Was war es also, das für mein kolossales Versagen verantwortlich war? Und wie konnte ich es ändern? Wie konnte ich die Art von Beziehung schaffen, von der ich wußte, daß es sie gibt und nach der ich mich sehnte? Was hatte mir diese Lebensgeschichte beschert, die so ganz anders verlaufen war als jene, die ich als einundzwanzigjährige Braut erträumt hatte?

In dieser schmerzvollen Zeit reflektierte ich meine eigenen Erfahrungen und die meiner Klient/innen und Freund/innen. Ich entdeckte, daß ich nicht allein mit diesem Problem war. Alle Menschen, die eine Liebesbeziehung eingegangen waren oder sich eine gewünscht hatten, standen vor der Entscheidung für diese überaus wichtige Person (Lebensgefährte, Geliebte oder anderweitig bedeutsame Person). Mich interessierte, was bei solch wichtigen Lebensentscheidungen wirklich von Bedeutung war, und ich wollte ein Verständnis für den vor sich gehenden Prozeß entwickeln, um mir und anderen die Möglichkeit für eine bessere und klügere Wahl anzubieten.

Das waren die Fragen, die den Ausgangspunkt für dieses Buch bildeten. Ich war von meinem eigenen Wunsch getrieben, herauszufinden, wie es in einer romantischen Beziehung »richtig zu machen« sei. Ein Wunsch, der, wie ich entdeckte, nicht nur für mich wichtig war, sondern für andere auch. Meine Suche nach Antworten führte mich zur ausgedehnten Beschäftigung mit einschlägigen Büchern und Fallstudien. Es war eine innere Suche nach der Art von Beziehung, wie ich sie mir schon immer erträumt hatte – eine, in der ich ganz ich selbst sein und beim näheren Kennenlernen mit dem Partner wachsen konnte.

Ein Teil meiner Entdeckungsreise bestand darin, meine im Laufe der Jahre entstandenen Erkenntnisse in Workshops anzubieten. Die Teilnehmer/innen – Alleinstehende, einige Verheiratete, viele Geschiedene und erwachsene Kinder aus Scheidungsfamilien – erzählten mir die Geschichte ihres Lebens, ihrer Romanzen. In diesem Umfeld bildeten sich die Übungen für dieses Buch heraus, und hier wurden sie auch erprobt. (In all den erörterten Workshopbeispielen und Fallgeschichten habe ich Veränderungen zur Wahrung der Privatsphäre der Betroffenen vorgenommen.) Stundenlang habe ich den ausführlichen Berichten über Beziehungsfreuden und -qualen zugehört, den erfolgreichen, aber auch mißlungenen Liebeserfahrungen. Natürlich ging auch mein eigenes Leben weiter, lernte auch ich aus meinen romantischen Erfahrungen. Und so entstanden allmählich die hier dargelegten Gedanken und die daraus folgenden Konsequenzen für die Entwicklung zufriedenstellender Beziehungen.

Heute, es ist mein Hochzeitstag, sind die schmerzvollen Zeiten vorbei. Die Freunde und Familienmitglieder spiegeln mein Glück in ihrem eigenen Lächeln. Das ist mein größtes Glück überhaupt. Mein

Sohn sagte: »Du hast es verdient, Mom!« Ich glaube, er hat recht, und daher möchte ich meine Erfahrungen mit Ihnen, meine lieben Leserinnen und Leser, teilen.

Die Kapitel dieses Buches decken ein großes Spektrum menschlicher Lernprozesse ab, da bei der Wahl unserer Partner/innen eine ganze Reihe unterschiedlicher Faktoren zum Tragen kommen. Ich möchte Sie an einigen Begegnungen und Kämpfen, die mich belehrt und verändert haben, teilhaben lassen. Sie erhellen den Unterschied zwischen der verträumten Einundzwanzigjährigen und der heutige überglücklichen Großmutter-Braut aus. Ich beginne mit den Erfahrungen des Sichverliebens aus dem Blickwinkel meiner jungen Klientin Emily.

# I

# Was unsere Entscheidungen prägt

# 1 Verliebtheit und was dann?

Emily war verliebt. Sie strahlte, wie es zu Beginn von Liebesaffären so üblich ist. Als sie sich auf einen Stuhl in meinem Büro fallenließ, bemerkte ich eine Vitalität und Lebendigkeit an ihr, wie ich sie während der fünfmonatigen Therapiezeit noch nicht erlebt hatte. Schließlich war sie wegen eines schmerzlichen Beziehungsendes zu mir gekommen.

Voller Enthusiasmus klärte sie mich jetzt auf: »Meine Welt hat sich verändert. Auf eine wundervolle, unheimliche, wirklich-unwirkliche, versponnene Art. Folgendes ist passiert: Ich besuchte eine medizinische Fachtagung mit etwa eintausend Teilnehmern. Das Programm hatte bereits begonnen, und ich überflog den Tagungsraum, um einen Platz neben einer interessanten Person ausfindig zu machen. Schließlich erregte ein Hinterkopf voll dunkler, welliger Haare meine Aufmerksamkeit. Ich setzte mich neben den Mann, dessen Gesicht ich bis dahin noch nicht gesehen hatte. Seine Aufmerksamkeit war ganz auf den Vortragenden gerichtet, und bald erging es mir ebenso. Als die Vorstellungen zu Ende waren, wandte er sich zum Gehen ... und unsere Blicke trafen sich. Es war einer jener magischen Momente. Wir hätten auch ohne einen weiteren Blick gehen können, aber das taten wir nicht. Sofort begannen wir ein lebhaftes Gespräch, und spontan zogen mich seine Wärme und Begeisterung an. Die Worte purzelten nur so aus uns heraus. Es schien, als sei niemand sonst im Raum anwesend.«

Emily warf mir einen verwirrten und zugleich entzückten Blick zu. »Wie passieren solche Dinge? Ich weiß es nicht. War es ein Zufall? Schicksal?« Und sie fragte sich laut, ob vielleicht irgendein Plan des Universums Personen zusammenbringe.

»Wir entschieden, uns noch weiter zu unterhalten und verabredeten uns gleich zum Abendessen. Nach dem Essen merkte ich, daß sich meine Welt verändert hatte. Eine Woche später trafen wir uns wieder, und ich konnte mich kaum zurückhalten, ihm zu sagen: ›Ich liebe dich‹. Doch mein Kopf warnte mich, daß es noch zu früh sei. Jetzt ertappe ich mich dabei, daß ich lächle und völlig vergesse, wo ich mich gerade befinde. Mit neuer Bewußtheit entdecke ich einfache Dinge. Die Farben scheinen lebhafter, die Musik schöner. Oh, also – er heißt Ted.«

Ich freute mich sehr über ihr Glück, hatte jedoch aufgrund ihrer früheren Beziehungserfahrungen gewisse Vorbehalte. Drei Wochen später meldete sie sich für einen weiteren Termin an. Als sie kam, war klar, daß sich die Situation verändert hatte.

»Ted und ich verbrachten letzte Woche einen ganzen Tag zusammen. Es war sehr intensiv und wundervoll. Gegen Abend spürte ich aber, daß er sich zurücknahm. Er erklärte, müde zu sein. Am nächsten Tag rief er an, um eine Verabredung abzusagen. Er meinte, er fühle sich nicht wohl bei dem, was zwischen uns passiert. Er wolle sich zurückziehen. Ich war wie erschlagen. Noch enttäuschender war meine Entdeckung, daß er trotz meiner ursprünglichen Gefühle anders war, wieder ein »Distanzierter«, wie andere Männer auch, mit denen ich mich früher verabredet hatte. Und genau wie mein Ex-Verlobter.«

Sie erzählte, wie sie von einem Liebeshoch in ein Liebestief totaler Hoffnungslosigkeit gestürzt war. Ob sie wohl immer von Männern angezogen werde, die sich nach den ersten Gefühlsausbrüchen zurückzogen? Lag es an ihr, an der Art der Männer, die sie wählte? Was konnte sie tun, um ständige Wiederholungen zu vermeiden?

## Auch Ihnen kann es passieren

Die meisten von uns kennen solche Schwierigkeiten. Vielleicht haben auch Sie schon aufregende Personen getroffen und dann ähnliche Enttäuschungen erlebt. Oder Sie hielten eine Person für aufregend und schreckten dann vor weiteren emotionalen Verstrickungen zurück. Vielleicht hatten Sie aber auch andere Bedenken. Möglicherweise haben Sie Ihre Wahl jedoch schon getroffen und fragen sich nun des öfteren, *warum* Sie diese Person gewählt haben, da Sie doch gar nicht so gut miteinander auskommen. Vielleicht fühlen Sie sich in der Falle oder ganz und gar unsicher in der Beziehung. Oder Sie waren auf die Geheimnisse der Liebe einfach nur neugierig gewesen.

Das sind einige der problematischen Punkte in Liebesgeschichten, die ich mit Ihnen erkunden möchte. In der ersten Hälfte des Buches können Sie herausfinden, warum Sie sich genau für die von ihnen gewählten Partner/innen entschieden haben. In der zweite Hälfte erfahren Sie, was Sie tun können, um Entscheidungen und damit auch künftige Beziehungen besser zu gestalten.

## Das Bewußte und das Unbewußte

Ein allgemein akzeptierter Mythos besagt, daß wir die Liebespartner nicht *wählen*, sondern daß die Liebe auf recht verblüffende und zufällige Weise »einfach passiert«. Doch ist dem nicht so, da machtvolle, unbemerkte Kräfte alles in uns zutiefst beeinflussen – alles, was wir tun, also auch wie wir uns und in wen wir uns verlieben. Diese von uns meist nicht bemerkten oder unbewußten Kräfte spiegeln fast immer frühere Erfahrungen und mit ihnen verbundene Gefühle wider. Auch wenn wir uns an diese Erfahrungen und Emotionen nicht erinnern, sind sie dennoch in unserem Unterbewußtsein gespeichert. Und *weil* wir uns ihrer nicht bewußt sind, verfügen sie über eine ungewöhnlich große Macht, das heißt, da wir um ihre Existenz nicht wissen, haben wir auch keinen Einfluß auf sie. In der Tat kommt die machtvolle und unerklärliche Kraft der emotionalen Attraktion (»Chemie«) oft aus den Bereichen unseres Unbewußten. Wenn die Liebe »einfach passiert«, spiegeln die meisten Gefühle, was unbewußt in uns vorgeht. Der Prozeß des Sichverliebens geschieht also bei weitem nicht zufällig.

Nun ist es so, daß der bewußte Teil in uns glaubt, er wisse fast alles – auch wie und warum wir uns verlieben. Die Beweggründe – warum wir etwas tun, was wir tun, warum wir etwas denken, was wir denken, warum wir etwas fühlen oder was wir fühlen – sind beim Verstehenwollen des Sichverliebens jedoch nicht unbedingt das wirklich Wichtige.

Um die zugrundeliegenden Motivationen besser verstehen zu können, müssen wir einen möglichst weitreichenden Zugang zu unseren machtvollen, unbewußten Botschaften und Erinnerungen erhalten – uns ihrer also bewußt werden. Diese Bewußtwerdung können wir zugunsten besserer Entscheidungen nutzen. Der bewußte Teil in uns mag sagen: »Sie/Er ist so attraktiv, und es macht so viel Spaß mit ihr/ihm zusammenzusein, daß ich einfach nicht widerstehen kann.« Aber die Gründe für das magnetische Angezogensein von ausgerechnet *dieser* interessanten Person (und nicht einer anderen) sind in unserem Unbewußten gespeichert.

Daher sind die Übungen dieses Buches so angelegt, daß sie Ihren bewußten Anteilen Zugang zu den unbewußten Anteilen ermöglichen, was Ihnen mehr Kontrolle über die eigenen gefühlsmäßigen Entscheidungen bringt.

## Erste Anziehung – und dann …?

Zwischen den ersten Phasen eines starken Angezogenseins – oder Sichverliebens – und der Entwicklung einer ausgeglichenen emotionalen Beziehung sind etliche wichtige Entscheidungen zu treffen. Genau diese Zwischenzeit ist einer der wichtigsten und am wenigsten verstandenen Aspekte einer erfolgreichen Beziehung. Als Therapeutin mit neunzehnjähriger Berufserfahrung und als Person, die durch die Höhen und Tiefen verschiedener wichtiger Beziehungen gegangen ist, habe ich einige entscheidende Lektionen über diese Phase gelernt. Mögen sie auch *Ihnen* helfen, bewußter und besser gerüstet eine der wichtigsten Entscheidungen überhaupt zu treffen: die Wahl der Lebenspartnerin oder des Lebenspartners. Die neugewonnene Bewußtheit versetzt Sie in die Lage, eine spannende und auf Entwicklung angelegte Beziehung zu schaffen.

## Ist der Liebe wirklich zu trauen?

Das ganze Phänomen des Sichverliebens ist recht geheimnisvoll. Wir fragen uns, wodurch die unerklärliche Anziehungskraft zwischen zwei Menschen wirklich verursacht wird (oder was uns, wie es manche nennen, »liebeskrank« macht). Gehört sie unbedingt zu einer guten Beziehung? Und wie verläßlich ist sie?

Ein eingehender Blick auf Ehen (und Scheidungen) überzeugt davon, daß die meisten von uns *nicht* die wirklich ersehnte Person wählen. Heute endet etwa die Hälfte aller Eheschließungen mit der Scheidung. Das emotionale Leid der in Scheidung lebenden Paare – und ihrer Kinder – schafft zweifellos auf lange Sicht soziale, von uns nur vage wahrgenommene Probleme. Und dennoch ist es gesamtgesellschaftlich akzeptiert, sich dem »Sichverlieben« als *der* Basis für langfristige Beziehungen und Ehen anzuvertrauen.

Als junge Leute träumen wir unsere Zukunft: Wir verlieben uns, heiraten, bekommen vielleicht Kinder und führen ein glückliches Leben. Wir träumen dagegen nicht von mißglückten Ehen, die Kinder denken nicht im Traum an die Scheidung ihrer Eltern. Wir sehen uns nicht als Alleinerziehende, denken nicht an eine eventuelle Wiederheirat und die Konfrontation mit einer Schwiegerfamilie. Wenn wir jung sind, träumen wir vielleicht auch von einer Familie, die glücklicher oder gefestigter oder »irgendwie« besser ist als die unserer Eltern. Wenn unsere Herkunftsfamilie nicht so gut oder liebevoll war, wie wir es gebraucht hätten, dann träumen wir davon, als Erwachsene die Kraft zu haben, das Familienleben »richtig« zu gestalten. Wir verlieben uns und wollen genau das tun. Aber warum genügt bei den meisten von uns das Sichverlieben nicht als Basis für eine Ehe?

Ich bin nicht bereit, die Liebe aufzugeben. Sie kann eine der schönsten Erfahrungen im Leben sein! Ich glaube schon, daß das Sichverlieben ein wichtiges Element bei der Wahl von Lebensgefährten ist. Aber einer Liebesaffäre vertrauen, ohne sie zu verstehen, ist etwa so, als ließen Sie sich von einem kleinen Kind durch starken Straßenverkehr führen. Genauso, wie Sie dieses kleine Kind mit Ihrem Erwachsenenbewußtsein an der Hand nehmen und es durch gefährliche Bereiche führen, sollten Sie in ihrer Verliebtheit dieses »verknallte« Wesen an die Hand nehmen.

Entscheidend ist, mehr darüber zu wissen, wie wir uns verlieben und wie wir unsere Liebespartner wählen. Das befähigt uns zum einen, Beziehungen erfolgreicher auszuwählen, und zum anderen, in diesen Beziehungen Wachstum und Glück statt Konflikt und Scheidung zu schaffen. Die Phase des Sichverliebens ist einfach und aufregend. In der nachfolgenden realistischen Phase – der Zeit der Beziehungsprobleme – lernen wir dann mehr über uns und unsere Partner.

Gewisse, oft durch Ängste aus früheren Beziehungen (als Erwachsene wie auch als Kinder) entstandene Formen der Desillusionierung folgen zwangsläufig auf die anfängliche Phase der Attraktion. Das geschieht oft, wenn eine Romanze zerbricht oder verpufft. War die Beziehung zwischen Emily und Ted nur eine, die »nicht funktionierte«? Waren die ersten Gefühle der Liebe nicht verläßlich, ja irreführend? Oder ging hier mehr vor sich ... etwas, das bei besserem Verständnis potentielle Enttäuschungen und Ängste vor Schmerz und Versagen in Glück und in eine größere persönliche Bewußtheit, also in eine lohnende Erfahrung verwandelt hätte?

# 2 Die verborgene Logik der Liebe

Ich glaube, daß wir alle das Grundbedürfnis und den geheimnisvollen inneren Antrieb zur Entfaltung und Entwicklung in uns tragen. Unser Tun mag nicht immer den Anschein erwecken, als fördere es unser Wachstum. Es mag uns sogar verborgen bleiben, daß Wachstum in einer bestimmten Situation eine Wahlmöglichkeit darstellt. Aber immer gibt es diese geheimnisvolle Kraft in uns, die uns in Richtung Expansion treibt.

Vielleicht ist eine Analogie hilfreich. Eine in die Erde eingegrabene Blumenzwiebel treibt aufgrund der ihr eigenen Natur der Sonne entgegen. Selbst wenn die Erde über dieser Zwiebel mit Felsbrocken oder Schutt bedeckt wäre, ließe sich die Zwiebel nicht von ihrem Vorhaben abbringen. Sie keimt in jedem Fall und bewegt sich dem Sonnenlicht entgegen. Sie wird also seitwärts wachsen müssen, in einem verdrehten Winkel oder vielleicht sogar ein kurzes Stück nach unten, um ihren unbeirrbaren Drang zu leben. Es mag nicht immer aussehen, als wachse sie in die richtige Richtung, aber sie tut es. Ähnlich haben wir Menschen einen Drang zu wachsen und uns so weit wie möglich zu entfalten, und wenn wir uns mit den Hindernissen des Lebens auseinandersetzen, mag auch unser Fortschritt nicht immer zu erkennen sein.

Ein Teil meiner Arbeit ist es, Menschen zur Erkenntnis zu verhelfen, daß Beziehungsschwierigkeiten ihrem Gesamtwachstum dienen können. Natürlich mag die Anziehungskraft zu jemandem, der Sie herausfordert, unbewußt sein (geheimnisvoll oder magisch erscheinen). Und Wachstum mag nicht automatisch geschehen, selbst wenn Sie alles Notwendige dafür tun. Aber das Potential dafür ist gegeben, und ein Aspekt der Magie und des Geheimnisses der Wahl Ihrer Partner/innen ist die Befriedigung dieses inneren Drangs zu wachsen – ob Sie sich dessen bewußt sind oder nicht.

## Wir lieben heute und nicht morgen

Eine Wachstumsmöglichkeit besteht in der Wahl schwieriger Lebenssituationen – in der Entscheidung für Situationen, die uns die Möglichkeit zum Lernen und Wachsen bieten. Sie werden sich jetzt fragen: »Wähle ich die Probleme wirklich absichtlich? Warum sollte jemand so etwas tun?«. Wie wir noch sehen werden (und wie ich bei vielen Paaren beobachten konnte), entpuppen sich die ursprünglich als unwiderstehlich empfundenen Qualitäten der Partner beim näheren Kennenlernen als Probleme. Sehen wir uns Emily und Ted an:

Emily, ursprünglich von Teds Selbstvertrauen angezogen, bemerkte nicht, daß seine andere, verborgene Seite die *Distanzierung* war. Diese Reserviertheit löste später in ihr Verlustängste aus. Was sie zunächst angezogen hatte (Selbstvertrauen), verursachte später das Problem (Distanzierung).

Ted war ursprünglich von Emilys Offenheit angezogen, konnte aber nicht wissen, daß diese eng im Zusammenhang mit dem Gefühl emotionaler Einsamkeit stand, mit der sie aufgewachsen war. Als er ihre *Bedürftigkeit* erkannte, die ihm wie ein Klammerverhalten erschien, erschrak er und stieß sie von sich. Was ihn zunächst angezogen hatte (Offenheit), wurde später zum Problem (scheinbar verschlingendes Klammern).

Im weiteren Verlauf unserer Sitzungen ergaben sich dann unter anderem folgende Erkenntnisse: Emily sah, daß Teds problematische Eigenschaften genau die waren, die sie als Heranwachsende in ihrer Familie erlebt und darunter gelitten hatte. Wie sich zeigte, galt dasselbe auch für Ted. Schmerzliche Aspekte seiner Kindheit tauchten in der Beziehung mit Emily auf.

Dieses Beispiel trifft auf die meisten von uns zu. Zu Beginn einer Romanze ist unser Gegenüber eine aufregende, völlig neue Person. Ein Teil der Erregung ist jedoch unser unbewußtes Erkennen vertrauter Eigenschaften in dieser Person (was uns in der Verliebtheit verborgen bleibt). Eigenschaften, die uns an wichtige Personen unserer Kindheit erinnern. Und damit tauchen auch Schmerz und Liebe aus der Kindheit auf. Die Kindheitsverletzungen kamen von den Bezugspersonen, die wir liebten und von denen unser Überleben abhing. Auf diese Weise kamen für uns Liebe und Schmerz aus derselben Quelle.

So fühlte sich Ted zum Beispiel als Kind durch seine überfürsorgliche Mutter eingeengt und kontrolliert. Aus diesem Grund fürchtete er als Erwachsener Beziehungen, in denen er das Gefühl hatte, verschlungen und seiner Unabhängigkeit beraubt zu werden. Emily hatte sehr beschäftigte Eltern und fühlte sich als Kind oft emotional alleingelassen. Dementsprechend hatte sie als Erwachsene Verlustängste und eine Sehnsucht nach Nähe. Sie klammerte sich an Ted, was seine schlimmsten Ängste auslöste. Sein Freiheitsgefühl war bedroht, also distanzierte er sich. Als Emily seine Distanzierung erkannte, wurde sie mit ihren schlimmsten Ängsten konfrontiert, sie fühlte sich verlassen. Die Ängste beider dienten ihnen im Grunde als Spiegel.

Ihre erste Verliebtheit verdeckte diesen Anlaß potentieller Spannungen. Sie fühlten nur die wundervolle Angezogenheit, das Gefühl, verwandte Seelen zu sein. Sie glaubten, dieses Gefühl beruhe auf der körperlichen Anziehung, ihren gemeinsamen Interessen und dem allgemeinen Erregungszustand bei ihrem Zusammensein. Natürlich stimmte das auch in gewisser Weise. Aber auf einer tieferen Ebene stellte sich ein vages Erkennen von etwas anderem ein, von den schwer zu fassenden Eigenschaften, die sie an ihre Kindheit erinnerten. Später führten solche vertrauten Eigenschaften zu problemgeladenen Fragen wie: »Wird sie mein Leben genauso bestimmen wie meine Mutter?« »Wird er gefühlsmäßig so distanziert sein wie meine Familie?«

Emily und Ted wurden mit sich ergänzenden Wesenszügen konfrontiert, wobei einer den anderen auslöste. Die Kombination von Offenheit und Selbstvertrauen (was sich später wie »Klammern« und »Distanzieren« anfühlte) ist eine von vielen Möglichkeiten. Bei anderen Paaren sind es Gegensätze wie ehrgeizig/lebenslustig, emotional/rational, dominant/widerspruchslos, angepaßt/auffällig, gebend/nehmend. Bevor sie ein Paar waren, stellten solche Wesenszüge für Emily und Ted kein Problem dar. In der Beziehung entpuppten sie sich jedoch als Gegensätze.

Als Emily und Ted erkannten, was zwischen ihnen vorging, lernten sie allmählich konstruktiv damit umzugehen. Ted, durch Emilys Bedürfnis nach Nähe überfordert, entdeckte in sich den Teil, der Intimität wirklich liebte. Ihr Bedürfnis danach half ihm dabei, sich in intimen Situationen selbst zu vertrauen. Emily entwickelte aufgrund von Teds Bedürfnis nach eigener Zeit und Unabhängigkeit mehr Selbstsicherheit. Sie wurde immer stolzer auf ihre Unabhängigkeit. Beide fanden in ihrer Beziehung neue Befriedigung und Freude. Nicht nur ihre Probleme hatten sich verringert, sie entdeckten zudem neue Ebenen in sich. Beide hatten sich als Einzelpersönlichkeiten sehr entwickelt. Ihre sich ergänzenden und auch gegensätzlichen Charaktereigenschaften schufen eine herausfordernde und ironische, aber keinesfalls ungewöhnliche Situation. Dieses unerwartete und scheinbar zufällige Zusammentreffen von Charaktereigenschaften kommt öfter vor, als wir ahnen. Überraschenderweise ist es nicht nur in der einen oder anderen Form in den meisten Liebesbeziehungen anzutreffen, sondern kann – wenn richtig verstanden – als positiver Umstand zum Wohlbefinden der Partner als Paar und als Einzelpersonen beitragen.

## George und Kay

Kay und George trafen sich auf einer Party. George war zunächst von Kays extravagantem Kleid und dann von ihrer Einzigartigkeit hingerissen. Sie tat nicht, was von Erwachsenen auf Parties »erwartet« wird. Sie stellte ihm persönliche Fragen über seine Kindheit und sprach ganz offen von der eigenen. Er mochte ihren unabhängigen Geist. Sie mochte sein Interesse am Thema Familie und am Einrichten seiner Wohnung. Sie dachte: »Was für eine erfrischende Abwechslung – ein solider Familientyp von Mann.«

Innerhalb weniger Monate heirateten sie. Aber im darauffolgenden Jahr kamen sie mit ihren Problemen zu mir. Kay hatte ihre Arbeit aufgegeben und widmete sich ihren Lieblingsaktivitäten – moderner Tanz und Schauspielkunst. George, stolz auf ihre Talente, mochte es zunächst, daß sie zu Hause war, fragte sich dann aber, ob ihre Ziele nicht doch zu verschieden seien.

Er arbeitete schwer in einer Computerfirma, wollte in der Lage sein, eine Familie zu finanzieren. Er schätzte ihren »unabhängigen Geist«, wünschte aber, daß sie ernsthaft arbeitete – wie er es tat, und wie »man« es von Erwachsenen »erwartete«. Genau der Umstand, der ihm zunächst so gefallen hatte, machte ihm jetzt Probleme. In der Zwischenzeit fragte sich Kay, ob die Vorzüge ihres Mannes »dahin« seien. Sicher war er ein »solider Familientyp von Mann«, aber mußte er *solch* ein solider Familientyp sein? Warum konnte er das Leben nicht einfach genießen? Genau die Eigenschaft, die ihr früher an ihm gefallen hatte, wurde ihr nun zum Problem.

Auch George und Kay konnten im Lauf ihrer Entwicklung den »Anspruch« erfüllen, ihre gegenseitigen Bedürfnisse als partnerschaftliche Wachstumsmöglichkeit zu nutzen. Die Beschäftigung mit ihren jeweiligen Beziehungsmustern aus der Kindheit gab ihnen die Erklärung, wie ihre Affinität später zum Konflikt werden konnte.

George hatte eine schöne, ältere Schwester, die mit ihrem Charme und Talent die Aufmerksamkeit auf sich zog. Er mochte ihre gesellige Art. Aber im Vergleich zu ihr fühlte er sich unauffällig und unwichtig. Das verschlimmerte sich noch durch den Umstand, daß er sich als das zweitälteste Kind oft um die beiden jüngeren Geschwister kümmern mußte. Er fühlte sich belastet. Als Kind war er in der Familie der »Verantwortliche« und fühlte sich daher auch als Erwachsener in seiner eigenen Familie als Verantwortlicher.

Kays Kindheit war dagegen anders verlaufen. Als einziges Kind konservativer Eltern wurde sie über alles geliebt. Sie war spät in das Leben ihrer Eltern eingetreten, als diese den Wunsch nach einem Kind schon fast aufgegeben hatten. Obwohl sie nicht viel Geld hatten, förderten die Eltern die Kreativität ihrer Tochter in jeder Weise. Alles, was Kay tat, war in ihren Augen wundervoll. Mit der Folge, daß sie jetzt Schwierigkeiten hatte, sich den ganz andersartigen Wünschen und Bedürfnissen von George anzupassen.

Als Erwachsene durchlebten Kay und George erneut einige ihrer Kindheitsgefühle. Georges ursprüngliche Freude an Kays Einzigartigkeit verwandelte sich in das Gefühl, ein »Arbeitstier« zu sein (wie bei seiner Schwester). Kay dagegen, für die es selbstverständlich war, daß ihre Kreativität geschätzt wurde, fühlte sich eingeengt durch Georges Wunsch, ihre »Einzigartigkeit« aufzugeben. Sie lernten jedoch, Verständnis für sich als Paar und als Einzelpersönlichkeiten zu entwickeln. Sie begannen ihre Unterschiedlichkeiten zu schätzen und zu erkennen, daß ihre Entscheidung, zusammenzusein, größtenteils auf eben jenen Unterschieden beruhte. Beide konnten sich entfalten, was jeweils zum Glück des anderen beitrug. Entzückt entdeckten sie, daß dies ihr beidseitiges Wachstum und ihr Wohlbefinden steigerte.

George lotete seine eigene kreative, lebenslustige Seite aus. Er schloß sich Kays Schauspielgruppe an und malte Bühnenbilder, wobei er eine völlig neue Seite an sich entdeckte. Es machte ihm Freude, loszulassen und eher etwas zum Vergnügen als immer nur für einen »verantwortungsvollen« Zweck zu tun.

Kay entwickelte den Plan, ihre Tanz- und Schauspielinteressen als Lehrerin zu nutzen und Geld für ihre Talente zu verlangen. Sie gewann neue Selbstachtung, Selbstvertrauen und eine neue Wertschätzung gegenüber den Leistungen, die George mit der Finanzierung der Familie erbrachte.

George lernte Kays Lebensweise als wichtigen Beitrag für sein Leben schätzen – nämlich die Überwindung des seit seiner Kindheit mit sich herumgetragenen Gefühls, das »Arbeitstier« zu sein. Beide verliebten sich erneut ineinander!

Sie entdeckten, daß ein Teil der Erregung (wie auch der Konflikt), der so anziehend zwischen ihnen wirkte, auf dem Gefühl beruhte, das sie als Erwachsene für ihre Kindheitsverhältnisse hegten. Sie fanden Möglichkeiten, an ihren unterschiedlichen Lebensauffassungen zu wachsen – ein neues, lohnendes Element in ihrer Ehe.

## Weitere versteckte Probleme

Emily und Ted repräsentieren eine Beziehung mit einem »Nähe-Distanz-Problem«, während für Kays und Georges Beziehung »schwer arbeiten« und »unabhängiger Geist« typisch sind (was sich später als »Mangel an Flexibilität« und »Verantwortungslosigkeit« ausnahm). Nachdem wir die Mechanismen erkannt haben, nach denen ursprünglich attraktive Eigenschaften zu problemverursachenden werden, befassen wir uns mit weiteren Eigenschaften dieser Art:

| **Erster Eindruck** | **Spätere Entdeckung** |
|---|---|
| geheimnisvoll | unnahbar |
| würdevoll | steif |
| charmant | ausweichend |
| spontan | zerstreut |
| beschützend | kontrollierend |
| bewundernd | eifersüchtig |

Einige im Kampf mit ihren Unterschieden verstrickte Paare halten ihre Probleme für zu schwierig, um daran arbeiten zu können oder zu wollen. Man kann nur hoffen, daß sie das zu Beginn der Beziehung erkennen, wenn sie sich noch relativ leicht trennen und neue Partner finden können. Paare wie Emily und Ted oder Kay und George entdeckten Möglichkeiten des Zusammenwachsens. Eines meiner erklärten Ziele ist, Paaren herausfinden zu helfen, ob sie überhaupt die Basis für eine dauerhafte Beziehung haben – und ihnen dann die nachfolgenden Übungen anzubieten.

Warum verlieben wir uns in Menschen, die diese Art Herausforderung für uns darstellen? Warum verlieben wir uns in Personen, die wir im Grunde nicht wollen? Auch wenn die ganze Sache letztlich rätselhaft bleibt, kann dieser Umstand auf jeden Fall Entwicklungsmöglichkeiten für uns bedeuten. Und den Drang zur Entfaltung haben wir in jedem Fall. Weitere Details mögen Ihnen die Zusammenhänge einsichtiger machen.

## Wir lassen die Kindheit wiedererstehen

### Familiensysteme verstehen

Erlebnisse aus der Frühzeit unseres Lebens wirken sich stark auf unsere Beziehungen, insbesondere auf unsere Liebesbeziehungen im Erwachsenenalter aus. Das ist nur natürlich, da wir als Kind Liebe durch die uns damals nahestehenden Menschen kennengelernt haben. Die nächsten Menschen, bei denen wir die gleiche Art von Intimität und gegenseitiger Abhängigkeit erfahren, sind unsere Liebespartner. Wir sind jetzt zwar älter, haben uns jedoch nicht grundlegend verändert. In den neuen Beziehungen tauchen die vertrauten Gefühle und Erwartungen aus der Vergangenheit wieder auf. Entweder fühlen wir die Verletzungen erneut, oder wir erkennen Möglichkeiten zur Lösung des alten Dilemmas.

Letztlich sind wir nicht nur in einer Familie aufgewachsen, sondern in einem sogenannten Familiensystem, d. h. einer Gruppe von Personen, die durch eigene Interaktions- und Kommunikationsformen miteinander verbunden ist. Dabei bilden sich eine Reihe Zusammenhalt gebender Regeln, Verhaltensmuster und Gemeinsamkeiten aus der Vergangenheit heraus. Ein Familiensystem mit den einzelnen Personen und ihren Beziehungen zueinander ist einem fein ausbalancierten Mobile vergleichbar, bei dem viele Teile an Fäden mit schmalen Querverbindungen hängen.

Zieht man an einem Teil des Mobiles, verändert sich das Gleichgewicht der Gesamtstruktur. Bleibt es aber sich selbst überlassen, neigt es dazu, wieder in den ursprünglich ausgewogenen Zustand zurückzukehren. Ähnlich verfügt eine Familie über eine ihr innewohnende Ausgewogenheit. Ein Familiensystem kann äußerst schön und Anlaß zu Stolz sein, aber auch in seinen Funktionen gestört sein und dringend nach Korrektur und Neubildung verlangen. Zunächst aber hat es die Grundtendenz, unverändert zu bleiben – selbst wenn einige Familienmitglieder mit gewissen Aspekten unzufrieden sein sollten.

Dieses System schafft ein sehr enges Band zwischen den Familienmitgliedern, das sich stark auf die einzelnen Personen auswirkt – mögen sie auch Tausende von Kilometern voneinander entfernt sein. Stellen Sie sich Ihre Familie als ein System aus unterschiedlich festgelegten Rollen, gegenseitigen Erwartungen und unausgesprochenen Übereinkünften vor.

Beispiele:
*Rolle*
Chef/in; Friedensstifter/in; Unruhestifter/in; fleißige Person.

*Gegenseitige Erwartungen*
Ich koche. Du spülst. Du verdienst mehr. Ich rede mehr.

*Unausgesprochene Übereinkünfte*
Wenn wir Geld haben, geben wir es aus. Verschwende keine Lebensmittel. Sexualität wird hier nicht diskutiert.

Solche Rollen, Erwartungen und Übereinkünfte werden im weiteren Verlauf des Buches klarer werden. Zudem haben Sie die Möglichkeit, Ihr eigenes Genogramm (Familienstammbaum) näher anzusehen.

## Familiensysteme und romantische Entscheidungen

Ein Aspekt unserer Selbstwahrnehmung als Erwachsene ist, daß wir uns als Teil eines Familiensystems erkennen und feststellen, wie stark sich dieses System auf unsere Fähigkeit auswirkt, intakte romantische Entscheidungen zu treffen. Die Macht eines solchen Systems liegt darin, daß wir in unserer derzeitigen Partnerschaft dazu neigen, *dieselben Situationen zu schaffen, mit denen wir in unserem ursprünglichen Familiensystem konfrontiert wurden*. Wenn wir also alte Kindheitssituationen wiederholen, muß es uns bewußt werden, was sie für uns bedeutet haben. (Zur Schulung dieser Bewußtheit werden Sie später Ihr eigenes Genogramm kreieren und damit andere Familienaspekte aufspüren.)

Selbst wenn Sie etwas zu Ihrer Herkunftsfamilie ganz Entgegengesetztes kreieren würden, stünden Sie dennoch größtenteils unter ihrem Einfluß. So gab es zum Beispiel den Fall, in dem eine Mutter darauf bestand, daß alle Familienmitglieder zur Kirche gingen. Der älteste Sohn Harald richtete sich immer schweigend danach (jetzt ist er Diakon). Tom, das mittlere Kind, brachte seine Mutter zum Lächeln, so daß sie sich geliebt fühlte. Sie akzeptierte, daß er nicht in die Kirche ging. Jana, die Jüngste, war, was die Kirche anging, äußerst rebellisch. Jedes Kind zeigte in der einen oder anderen Art eine starke Beeinflussung durch die Mutter.

Mittlerweile erwachsen, änderte Tom (der charmante Kirchengegner) seine Haltung und begann sich nach dem Wunsch der Mutter zu richten, während Harry (der Konformist) Anzeichen von Glaubensunmut zeigte. An einem bestimmten Punkt drängten jedoch verschiedene entrüstete Familienmitglieder die beiden Brüder in ihre »rechtmäßigen« Rollen zurück. Der Grund dafür ist, daß zwischen der Rolle jeder einzelnen Person und den Erwartungen der anderen eine direkte Beziehung besteht. Würden sich die neuen Verhaltensweisen jedoch durchsetzen, käme es bei den beiden Brüder zum vollständigen Rollentausch. Harald würde seine verblüffende und unerwartete Tendenz zu rebellieren und Tom seine Hinwendung zur Religion weitertreiben. Das Familiensystem käme dann wieder ins Gleichgewicht. (Dieses Phänomen manifestiert sich am deutlichsten in Familien mit einem aufmüpfigen Kind, das »auf die rechte Bahn kommt«, während das »gute Kind« zum Problemfall oder zumindest als solcher wahrgenommen wird.)

Fakt ist, daß man unbewußt dazu neigt, alte Familienszenarios neu zu inszenieren. Selbst wenn sie unangenehm sind, fühlen sie sich »vertraut« an – was sie auch sind. Die zu Hause herausgebildeten Loyalitäten ließen uns gewisse Charaktereigenschaften (psychische Muster) entwickeln, die machtvoller sind, als wir meist bemerken. Es ist klug, solche Einflüsse verstehen zu lernen, damit sie uns nicht ohne unser Wissen dominieren.

Eine alte Geschichte soll als Erklärung uns unbewußter Wirkungsweisen von Familiensystemen dienen. Ein Bräutigam beobachtet die

Braut in der Küche und fragt: »Warum schneidest du die Schinkenenden ab?« Sie antwortet: »Weil das meine Mutter immer machte.« Das nächste Mal fragt die Braut ihre Mutter: »Warum hast du immer die Schinkenenden abgeschnitten« Diese antwortet: »Ich weiß nicht. Das hat meine Mutter immer so gemacht.« Dann ruft die Brautmutter ihre Mutter an und stellt dieselbe Frage. Diese sagte: »Oh, mein Herd war zu klein, also mußte ich immer die Enden abschneiden.« Auf diese Weise kommen wir zu solchen Gewohnheiten.

Ich erlebte, wie Familiensysteme auch auf andere Art wieder in Kraft treten. Oft übernimmt zum Beispiel eine erwachsene Person die Rolle eines Elternteils (Mutter oder Vater) und wählt für die andere Rolle eine entsprechende Person aus. So lebten beispielsweise zwei Geschwister die elterliche Beziehungsform folgendermaßen nach: Der ältere Junge wollte, ganz wie die Mutter, »Frieden um jeden Preis« und heiratete eine Frau, die genauso vorwurfsvoll wie der Vater war. Das jüngere Mädchen wurde zur dominierenden Person (wie der Vater) und heiratete eine passive Person (wie die Mutter).

Andere wiederum lassen Zusammenhänge aufleben, die sie im Familiensystem als wichtig empfunden haben. Eine Frau, deren Eltern immer über die Art der Haushaltsführung stritten, heiratete einen »pingeligen« Mann. Obwohl sie im übrigen eine gute Ehe haben, streiten sie immer darüber, wie sauber es im Haus sein soll.

Uns allen ist die Familie unserer Kindheit angenehm vertraut. Das ist aber nur einer der Gründe, warum wir sie nachzustellen versuchen. Ein viel zwingenderer Grund ist die Chance, wachsen zu können. Wir rekonstruieren diese alte Familienstruktur, um die schmerzlich empfundenen Fehler unserer Kindheit korrigieren zu können – um es diesmal als Erwachsene »richtig zu machen«.

## Entwicklung von Selbstbewußtheit

Wenn Sie eine größere Bewußtheit über Ihre wahren Motive beim Eingehen einer Beziehung anstreben, dann werden Sie bald auf wichtige Hintergründe stoßen. Sobald Sie besser begreifen, weshalb Sie sich nur in bestimmte Personen verlieben, erhalten Sie auch die Möglichkeit, das Beste aus Ihrer Beziehung zu machen. Das ist das Ziel, dem wir uns in sechs Schritten in den nächsten Kapiteln annähern.

Sie werden sich dabei in ganz individueller Weise Ihre eigene »Bewußtseinserweiterung« erarbeiten.

Der erste Schritt soll Klarheit über Ihren Herzenswunsch bringen. Denn man bekommt immer leichter, was man genau benennen kann. Es geht um eine einfache Übung, die Sie von früher her vielleicht schon kennen. In unserem Zusammenhang bildet sie eine wichtige Grundlage für die nachfolgenden Schritte zur Erkundung der Mysterien der Liebe.

# 1. Übung
# Idealpartner

*Schreiben Sie eine Liste mit den Eigenschaften Ihrer Idealperson. Lassen Sie Ihrer Phantasie freien Lauf und führen Sie möglichst viele Punkte auf. Haben Sie bereits eine Partnerin oder einen Partner, dann berücksichtigen Sie dies im Moment nicht, sondern schreiben Sie auf, was für Sie ideal wäre. Sobald die Liste erstellt ist, wählen Sie die wichtigsten Eigenschaften aus und numerieren diese nach Prioritäten (1 = am wichtigsten; 7 = am wenigsten wichtig). Überprüfen Sie nun, welche dieser Eigenschaften Sie selbst besitzen. Gibt es einige, die Sie nicht haben? Heben Sie die Liste für später auf (vor allem für die 3. Übung).*

## Alte Gewohnheitsmuster

Kehren wir einen Moment zu Emily zurück, die mich aufsuchte, um mehr über die psychologischen Zusammenhänge zu erfahren. Sie war eine ganz normale Person, die nicht wieder verletzt werden und eine zum Scheitern verurteilte Beziehung führen wollte. Da sie bemerkt hatte, daß sie auf die Wiederholung einer alten Situation lossteuerte, bat sie mich, ihr zu sagen, ob ich ein Verhaltensmuster erkennen konnte. Warum fühlte sie sich wieder von jemandem angezogen, der sie mit derselben alten Problematik konfrontierte? Sollte Sie eine weitere Bindung vermeiden?

Diese Tendenz, Probleme aus der Vergangenheit hervorzuholen, kann uns tatsächlich von neuen Beziehungen abschrecken. Auf einer Party traf ich einen hübschen, grauhaarigen Mann. Er erzählte mir, daß er nie geheiratet hatte. »Ich fühle mich immer von kalten, harten Frauen angezogen«, sagte er. »Die anderen sind nicht aufregend. Sie bieten keine Herausforderung. Aber ich hatte nie die Nerven, eine von der kalten Sorte zu heiraten.« Später erörterten wir seine Kindheitssituation. Und nach allmählichem Begreifen beschrieb er seine Mutter als »kalt und hart«.

Ist es möglich, daß die negativen Eigenschaften wichtiger Bezugspersonen aus der Kindheit dazu beitragen, in einer aktuellen Beziehung einen Konflikt zu schaffen, der Bestandteil der Erregung ist – jener unerklärlichen Anziehungskraft? Eine solche Möglichkeit paßt zur früheren Feststellung, daß das, was Menschen zunächst stark zueinanderzieht, später zum Problem wird. Wie sieht es damit in Ihrer momentanen Beziehung aus?

Als nächstes stellt sich die Frage, was wir aus unseren vergangenen Beziehungen lernen können. Als ich die folgende Übung zum erstenmal machte, hatte ich einige wichtige Aha-Erlebnisse. Sehen Sie nun, was Sie aus Ihrem alten Gewohnheitsmuster lernen können.

# 1. Übung
# Beziehungsgeschichte

*Auf der gegenüberliegenden Seite finden Sie eine Tabelle für Eintragungen.*

*1. Schreiben Sie links in die Tabelle fünf bis sieben Namen von Personen, mit denen Sie eine bedeutsame romantische Anziehung oder Liebesbeziehung verband. Gehen Sie dazu so weit Sie möchten in Ihrem Leben zurück. (Oft gehen Personen bis zur Grundschule zurück.) »Bedeutsam« bezieht sich auf die Intensität und/oder Dauer der Romanze oder Beziehung. Listen Sie die Ereignisse chronologisch auf (die erste zuerst, die letzte zuletzt). Gibt es mehr als sieben, wählen Sie jene, die Ihnen spontan einfallen; sind es weniger als sieben, geben Sie alle an, an die Sie sich erinnern.*

*2. Fügen Sie jedem Namen in den daneben stehenden Spalten einige erklärende Wörter oder Kurzbeschreibungen über die Beziehung und/oder Person hinzu. Nach jedem Namen kann eine Querlinie gezogen und bei Bedarf auch mehr Papier verwendet werden. Bemühen Sie sich um Bezeichnungen, die positive wie negative Aspekte Ihrer Interaktion mit der jeweiligen Person beschreiben. Am besten eignen sich Bezeichnungen von Gefühlen oder spezifischen Verhaltensweisen. (»Attraktiv« sagt zum Beispiel nicht viel aus, es sei denn, es handelte sich um ein hervorstechendes Merkmal der Beziehung.) Gut sind: offen, zuverlässig, liebevoll, sexuell passend/nicht passend, passende Energieebenen/nicht passende Energieebenen, ehrgeizig, mit mir konkurrierend, gleiche Interessen/ungleiche Interessen, gleiche Ziele/ungleiche Ziele, Streit, Langeweile, Ehrlichkeit/Unehrlichkeit, Distanziertheit, Klammern. »Meine vorherrschenden Gefühle« betrifft jene Gefühle, die in der Beziehung überwogen; sie können positiv und/oder negativ sein.*

*Die oben gemachten Vorschlägen sollen der Orientierung dienen, folgen Sie im übrigen Ihren eigenen Gefühlen. Meist sind die Wörter, die einem zuerst in den Sinn kommen, die genauesten. Wiederholungen bei einer oder verschiedenen Personen sind durchaus möglich.*

*Gehen Sie die Aufzeichnungen nach Beendigung der Tabelle durch, und führen Sie folgendes aus:*

## 2. Übung – Beziehungsgeschichte

| Name | Erste Anziehung | Was funktionierte | Was funktionierte nicht | Meine vorherrschenden Gefühle | Wie lange | Was führte zur Trennung |
|---|---|---|---|---|---|---|
| | | | | | | |

*1. Umkreisen Sie mehr als einmal vorkommende Wörter oder Kurzbeschreibungen. Beachten Sie dabei die Längs- und Querspalten.*

*2. Suchen Sie in Ihren Antworten nach Mustern oder Wortgruppierungen/Kurzbeschreibungen. Welche Ähnlichkeiten bestehen bei Personen, zu denen Sie sich hingezogen fühlen? (Es kann mehrere Arten oder Muster geben.)*

*3. Prüfen Sie, was zu Ihrer Zufriedenheit funktionierte und was nicht. Stellen Sie fest, daß Sie dieselbe Problematik mehr als einmal wählten?*

*4. Wer oder was beendete die Beziehung: Sie, die andere Person oder äußere Umstände?*

*5. Denken Sie über Ihre Entdeckungen in diesen beiden Übungen nach (Idealpartner, Beziehungsgeschichte).*

*6. Überprüfen Sie die Tabelle daraufhin, ob bei den Menschen Ihrer Wahl Muster existieren, die jenen gewisser Familienmitglieder (Mutter, Vater, ein Geschwister, ein Großelternteil) ähneln.*

Vielleicht gibt es Muster, die mehr als einer Person aus Ihrer Vergangenheit ähnlich sind. In meinen Workshops machen Leute oft folgende Feststellungen: »Kannst du dir das vorstellen? Ich habe meine Mutter geheiratet! Und gerade sie ist doch diejenige, mit der ich die meisten Probleme hatte. Nette Leute wie mein Vater schienen mir langweilig.«

Versuchen Sie, was Sie bei Ihrer eigenen Familie oder Beziehung herausfinden können. Im weiteren Verlauf des Buches werden Ihnen die Zusammenhänge noch klarer werden.

Wir haben es hier also mit den ersten Schritten zur Bewußtmachung jener »unbewußten Logik« zu tun, die dafür verantwortlich ist, daß wir uns zu gewissen Personen hingezogen fühlen und zu anderen nicht. (Wie wir später sehen werden, gibt es noch andere wichtige Teile in diesem Puzzle.)

Wenn Sie noch keine Partnerwahl getroffen haben, können Erkenntnisse dieser Art von unschätzbarem Wert sein. Die größere Bewußtheit wird Ihnen helfen, Ihre Entscheidungen für Wachstum und Glück zu nutzen statt für Desillusionierung und Verletzung.

Haben Sie Ihre Partnerin oder Ihren Partner bereits gewählt, können Sie die Logik Ihrer eigenen bisherigen Liebeserfahrungen erforschen und damit auch begreifen lernen, was Ihr Partner aus der Vergangenheit gelernt hat.

Bei diesem Prozeß werden Sie entdecken, wie Sie einander geben können, was Sie brauchen und wünschen. Sollten Sie das jedoch nicht füreinander tun können, dann werden alle Schwierigkeiten weiterhin zwischen Ihnen bestehen.

Sie können jetzt feststellen, ob die Partnerin oder der Partner Ihrer Wahl Ihren Idealvorstellungen (1. Übung) entspricht. Und damit konzentrieren Sie sich auf die eigentliche Partnerwahl.

# 3. Übung:
# Vergleich der idealen mit den realen Partnern

**Übung 3**
**Vergleich der idealen mit den realen Partnern**

| Name: | Immer | | | | Manchmal | | | | | | Nie |
|---|---|---|---|---|---|---|---|---|---|---|---|
| | 10 | 9 | 8 | 7 | 6 | 5 | 4 | 3 | 2 | 1 | 0 |
| 1 | | | | | | | | | | | |
| 2 | | | | | | | | | | | |
| 3 | | | | | | | | | | | |
| 4 | | | | | | | | | | | |
| 5 | | | | | | | | | | | |
| 6 | | | | | | | | | | | |
| 7 | | | | | | | | | | | |

| Name: | Immer | | | | Manchmal | | | | | | Nie |
|---|---|---|---|---|---|---|---|---|---|---|---|
| | 10 | 9 | 8 | 7 | 6 | 5 | 4 | 3 | 2 | 1 | 0 |
| 1 | | | | | | | | | | | |
| 2 | | | | | | | | | | | |
| 3 | | | | | | | | | | | |
| 4 | | | | | | | | | | | |
| 5 | | | | | | | | | | | |
| 6 | | | | | | | | | | | |
| 7 | | | | | | | | | | | |

| Name: | Immer | | | | Manchmal | | | | | | Nie |
|---|---|---|---|---|---|---|---|---|---|---|---|
| | 10 | 9 | 8 | 7 | 6 | 5 | 4 | 3 | 2 | 1 | 0 |
| 1 | | | | | | | | | | | |
| 2 | | | | | | | | | | | |
| 3 | | | | | | | | | | | |
| 4 | | | | | | | | | | | |
| 5 | | | | | | | | | | | |
| 6 | | | | | | | | | | | |
| 7 | | | | | | | | | | | |

| Name: | Immer | | | | Manchmal | | | | | | Nie |
|---|---|---|---|---|---|---|---|---|---|---|---|
| | 10 | 9 | 8 | 7 | 6 | 5 | 4 | 3 | 2 | 1 | 0 |
| 1 | | | | | | | | | | | |
| 2 | | | | | | | | | | | |
| 3 | | | | | | | | | | | |
| 4 | | | | | | | | | | | |
| 5 | | | | | | | | | | | |
| 6 | | | | | | | | | | | |
| 7 | | | | | | | | | | | |

| Name: | Immer | | | | Manchmal | | | | | | Nie |
|---|---|---|---|---|---|---|---|---|---|---|---|
| | 10 | 9 | 8 | 7 | 6 | 5 | 4 | 3 | 2 | 1 | 0 |
| 1 | | | | | | | | | | | |
| 2 | | | | | | | | | | | |
| 3 | | | | | | | | | | | |
| 4 | | | | | | | | | | | |
| 5 | | | | | | | | | | | |
| 6 | | | | | | | | | | | |
| 7 | | | | | | | | | | | |

*1. Schreiben Sie die Namen Ihrer fünf wichtigsten Liebespartner/innen auf (vier frühere und die/der jetzige oder letzte).*

*2. Übernehmen Sie aus der 1. Übung die bevorzugten Eigenschaften der Idealpartnerin oder des Idealpartners (1 = am wichtigsten; 7 = am wenigsten wichtig) nach Priorität in die numerierten Spalten.*

*3. Vergleichen Sie anhand der Spalten »Immer«, »Manchmal«, »Nie« die Eigenschaften der Realpartner mit denen der Idealpartner. Bezeichnen Sie die jeweils in Frage kommende Stelle zwischen 10 und 0 mit einem Kreuzchen.*

*Wenn Sie das mit allen fünf Namen (Realpartner) durchgeführt haben, betrachten Sie das Gesamtbild. Wie nah kommen Ihre derzeitigen Verbindungen an die Idealvorstellungen heran? Ist die Liste der Idealpartner demnach realistisch? Muß die Liste geändert werden, oder müssen Sie sich selbst ändern, um attraktiv auf eine ideale Person zu wirken?*

Überprüfen Sie das Schaubild nochmals. Die Auflistung muß nach Prioritäten geordnet sein, das heißt, die ersten Eintragungen sind wichtiger als die nachfolgenden. Diese Reihenfolge spielt bei Überlegungen zur Partnerwahl eine Rolle. Ist ein Trend zu einer höheren oder geringeren Punktebewertung früherer Partner im Vergleich zu den jetzigen erkennbar? Sind Ihre neueren Entscheidungen besser als die früheren?

Manchmal sind Menschen aufgebracht, wenn sie erkennen, daß ihre derzeitige Beziehung nicht den Idealvorstellungen entspricht. Wie können diese Unterschiede genutzt werden, um die eigene Flexibilität zu erhöhen und ein Wachsen mit dem/der Partner/in zu ermöglichen? Können Sie Ihrem Partner die unerfüllten Bedürfnisse mitteilen, ohne sich zu beklagen oder zu fordern? Oder muß die gegenwärtige Beziehung grundsätzlich hinterfragt werden?

Was können Sie aus diesem Bild über die bisherigen Partner/innen lernen, und wie nehmen sich diese im Vergleich zum Idealpartner aus? Große Unterschiede deuten auf ein unrealistisches Ideal hin oder darauf, daß Sie sich unbewußt (das heißt, es bleibt Ihnen verborgen) zu Menschen hingezogen fühlen, die dem Ideal nicht entsprechen. In jedem Fall sollten Sie aber genauer auf die von Kindheit an vertrauten Eigenschaften achten, die Sie in der derzeitigen Beziehung suchen (einer Beziehung, in der es diesmal »stimmen« soll).

Als ich eines Tages selbst auf diese Dinge zu achten begann, zeigten sich in meiner Auflistung gewisse Ähnlichkeiten zu meinen Eltern, obwohl ich meine Partner, speziell die früheren, als ziemlich verschieden von meinen Eltern eingestuft hatte. Es war dann für mich eine erfreuliche Entdeckung, daß sich die Wahl späterer Partner von gewissen problembeladenen Familienaspekten entfernte und meinen Idealvorstellungen näherkam. Was erkennen Sie, wenn Sie Ihre Partner mit wichtigen Familienmitgliedern vergleichen? Manchmal meinen Leute, sie hätten dem einen oder dem anderen Elternteil nach ähnliche Partner gewählt, um verschiedene Vergangenheitsprobleme zu bewältigen.

Die Art der Hinterfragung – wie sie in den hier im Buch erörterten Fallbeispielen durchgeführt wurde – hilft den Beteiligten, bestehende Unterschiede für eine größere Nähe zu nutzen anstatt zur Austragung von Konflikten.

Der Blick auf die Muster Ihrer Liebeserfahrungen kann eine äußerst lohnende Möglichkeit sein, nicht nur die Freuden, sondern auch die Verletzungen zu erkennen, die möglicherweise zu einer unglücklichen Partnerwahl geführt haben. Die folgenden Kapitel nehmen sich dieser Thematik eingehender an, um zu erhellen, wie und warum man Liebespartner/innen gewählt hat. Dabei werden die Mysterien und die manchmal erstaunliche »Logik« der Liebe gründlicher erforscht, die perfekt zueinander passende Menschen zusammenführt, auch wenn sie sich zunächst mit großen Problemen konfrontieren.

# 3 Mehr über die verborgene Logik der Liebe

Sie wissen um den Drang, sich voll entfalten und wachsen zu wollen. Sie wissen, daß die zunächst attraktiven Eigenschaften einer Person für Sie später unattraktiv werden können. Sie stellen fest, daß Sie in einem Familiensystem aufwuchsen, dessen vertraute Gewohnheiten Sie heute noch nicht verlassen haben. Aber der geheimnisvoll-magische und romantische Vorgang des Sichverliebens birgt noch mehr Logik – mehr, als ihnen bisher wahrscheinlich bewußt war! Und um diese zu entdecken, bedarf es eines noch gründlicheren Blicks auf das, was Sie in Ihrer Herkunftsfamilie über die Liebe gelernt haben.

An diesem Punkt angelangt, mögen Sie denken: »Genug! Ich will nicht wiederholen, was ich in meiner Kindheit, im Zusammenleben mit meinen Eltern und Geschwistern, über die Liebe gelernt habe. Ich will etwas Besseres. Ich will diese Art von Erfahrung nicht mehr.« Und eben genau das *Nicht*-Wiederholen dieser Erfahrung bringt die neue Bewußtheit hervor. Wenn man aus den Schwierigkeiten familiärer Beziehungen lernen und diese überwinden möchte, ist es äußerst wichtig, sich ihrer bewußt zu werden.

Was aber, wenn Ihre früheren Familienbeziehungen wunderbar, liebevoll und unterstützend waren? Natürlich wird dann dieses neue Wissen auch nützlich sein, selbst wenn es nur darin besteht, andere zu *verstehen*, in erster Linie natürlich die Liebespartner.

## Unbewußte Beweggründe

Trotz der Entschlossenheit, alles anders zu machen, wählen wir vielleicht doch eine Person, die unserer Mutter, unserem Vater oder sonst jemandem aus unserer Kindheit ähnlich ist. Das geschieht – wie bereits dargelegt – unbewußt. Dieser uns nicht bewußte Anteil mag sich zu einer Person hingezogen fühlen, die ein Familienszenario wiederholt.

Die verborgene Logik bei der Wahl von Liebespartnern bezieht sich meist auf drei Bereiche: Erstens auf den Wunsch, daß es »diesmal stimmen soll«, zweitens auf die Tendenz, alte Familiensituationen wiederherzustellen und drittens auf den geheimen Versuch, der Herkunftsfamilie treu zu bleiben. Sehen wir uns diese drei Bereiche genauer an.

## Diesmal soll es stimmen

Eine feine Stimme in unserem Inneren mag vielleicht sagen: »Nun bin ich erwachsen und treffe meine eigenen Entscheidungen. Ich werde richten, was in meiner Kindheit nicht stimmte. Ich werde die von mir ersehnte Art von Liebe und Anerkennung bekommen, die mir meine Mutter (Vater, Schwester, Bruder) nicht gab. Diesmal wird es in der neuen Partnerschaft für mich stimmen.« Dabei wird uns nicht bewußt, daß das zwangsläufig heißt, *eine/n Partner/in zu wählen, deren Eigenschaften denen der uns früher verletzenden Person ähnlich sind.* Zur »Bereinigung« der Vergangenheit bedarf es einer Person, die der ursprünglichen Ursache unserer Schwierigkeiten ähnlich genug ist, andernfalls kann das alte Szenario nicht korrigiert werden. Die Liebe von Erwachsenen birgt beispielsweise sehr oft die unbewußte Hoffnung, »jetzt die Liebe zu bekommen, die ich immer von Mutter (und/oder Vater) haben wollte.« Damit diese Hoffnung von Bestand ist, muß der neue Partner einige Eigenschaften besitzen, die wir mit unserer Kindheit in Verbindung bringen können – selbst wenn sie Schwierigkeiten heraufbeschwören. Sie stellen die Herausforderung dar – ein wichtiges Element bei der Entstehung erregender Spannung, die wir als die unerklärliche Anziehungskraft (»Chemie«) zwischen zwei Menschen bezeichnen.

### Die gute Nachricht

Meist wählen wir unbewußt eine Person, die uns zur inneren Reifung herausfordert (»damit es diesmal stimmt«). Das mag für uns die ideale Möglichkeit sein, alte Verletzungen oder Verlustgefühle zu heilen. Wenn wir diese neue – der alten so ähnliche – Person dazu bringen, uns die ersehnte Liebe zu geben, dann können wir uns als vollständig(!) geheilt empfinden.

Emily wählte Ted (der so distanziert wie ihre Eltern war) und hatte dadurch die Möglichkeit, unabhängiger zu werden und gleichzeitig zu erleben, wie Ted die Nähe herzustellen lernte, die sie brauchte. Ted wählte Emily (die wie seine Mutter »klammerte«) und schuf sich damit die Möglichkeit, mehr Nähe zuzulassen und gleichzeitig seine Unabhängigkeit zu wahren, da Emily seine Bedürfnisse allmählich besser verstand. Beide haben durch diesen Prozeß Stimmigkeit und Wertvolles gelernt.

## Die schlechte Nachricht

Die oben beschriebene Situation muß jedoch nicht eintreten. Es ist denkbar, daß Sie mit Ihrem/Ihrer Liebespartner/in (die Sie mit dem alten, vertrauten Szenario konfrontieren) eine solche Beziehungsarbeit nicht möglich ist: Entweder fehlt beim Partner die Bereitschaft, Ihren Bedürfnissen entgegenzukommen, oder *Sie* sind nicht willens, die Bedürfnisse der anderen Person zu erfüllen. Dann wird sich das Problem wiederholen und Sie erneut den alten Schmerzen aussetzen. Oder Sie wählen von vornherein eine Situation, die all diese Szenarien unmöglich macht.

Einer meiner Workshop-Teilnehmer erkannte zum Beispiel, daß er eine Reihe letztendlich unerreichbarer Frauen gewählt hatte. Sie waren entweder verheiratet oder lebten sehr weit entfernt. Schließlich entdeckte er den tieferen Zusammenhang: Seine Mutter starb, noch bevor er ein Jahr alt war, und seitdem sehnte er sich zutiefst danach, sie zurückzubekommen. Eine dieser unerreichbaren Frauen zu gewinnen, wäre für ihn so etwas gewesen wie seine Mutter zurückzuerhalten – ein weiterer unmöglicher Umstand. Er erkannte, daß er sich auf das Mißlingen eingerichtet hatte.

Ziel eines klareren Bildes von uns selbst im Zusammenhang mit unserer Herkunftsfamilie ist, eine Selbstbewußtheit aufzubauen, die uns Souveränität in unseren Beziehungen gestattet. Selbst wenn unser Familienhintergrund bisher großen Einfluß ausgeübt hat, muß er das nicht weiterhin tun. Sehen wir uns dazu ein weiteres Beispiel an.

## Die Liebeslogik bei Donna und Lennard

Donna war die sehr ehrgeizige Leiterin einer Werbeagentur. Bis zum Alter von neununddreißig Jahren hatte sie diverse Romanzen mit erfolgreichen Geschäftsmännern erlebt. Im Grunde wollte sie aber einen Mann, der ihre weichere Seite hervorholte.

Dann traf sie Lennard, einen Werbegrafiker, der geschäftlich mit ihrer Agentur zu tun hatte. Lennard mochte Donnas geschäftstüchtige direkte Art und ihren quirligen Humor. Donna dagegen liebte die Weichheit hinter seiner Maskulinität.

Betrachten wir uns zunächst die Genogramme dieser beiden Menschen.

## Donna: antreibende Mutter, herzlicher Vater

Donna liebte ihren heiteren, fröhlichen Vater. Die Mutter war die »Antreiberin«, bei der die Dinge vorangingen. Der Vater hatte ein Familienunternehmen geerbt, und die Rede ging: »Pop führt die Geschäfte, und Mom führt Pop.« Es war allgemein klar, daß er den Erwartungen seiner Frau nie entsprach. Donna erinnerte sich, daß sie als kleines Kind das Gefühl hatte, »sehr gut« sein zu müssen. Sie gab, ohne sich dessen bewußt zu sein, damals etwas von ihrem freien inneren Wesen auf, um die an sie gestellten Erwartungen zu erfüllen. Sie unternahm einfach alles, um in diesem Familiensystem das »gute Mädchen« erfolgreich spielen zu können.

## Lennard: liebevolle Mutter, fordernder Vater

Lennards Mutter war der Inbegriff der Liebe. Der Vater, ein hervorragender Geschäftsmann, forderte seine Kinder immer über ihre Grenzen hinaus. Lennard erinnerte sich, daß der sportliche Vater den Baseball zum Beispiel immer absichtlich weiter warf, als sein Sohn ihn fangen konnte, und ihn damit zwang, sich sehr zu strecken, obwohl er den Ball oft genug nicht zu fassen bekam. War die Liebe der Mutter bedingungslos, so hatte er das Gefühl, seinem Vater nie zu genügen.

## Donna und Lennard zusammen

Als Donna und Lennard sich trafen, war es, als träfen zwei Hälften eines Ganzen zusammen. Lennard, entmutigt über den Druck, erfolgreich sein zu müssen, übernahm die einfachen, nährenden Eigenschaften seiner Mutter. Aber er war auch von Donnas Arbeitsbegeisterung angezogen, in der er seinen Vater wiedererkannte. Donna, unter dem Druck, immer »gut« und erfolgreich sein zu müssen, erkannte die Gelegenheit, endlich so geliebt zu werden, wie sie es immer von ihrer Mutter erwartet hatte. Gleichzeitig sah sie die Herausforderung, ihren eher »im Abseits« stehenden Vater zu akzeptieren; etwas, was die Mutter nie tat. Donna und Lennard ahnten die Möglichkeit, daß »es diesmal richtig war«.

## Die Familienszenarios

*Donna:* »Wird Lennard mich enttäuschen, wie Vater es mit Mutter tat?«

Nachdem sie sich sechs Wochen lang regelmäßig verabredet hatten, begann Donna sich zu fragen, ob Lennards Phantasien, freiberuflicher Künstler statt Werbegraphiker zu werden, realistisch waren. Sie lag nachts wach und sorgte sich, daß er ein »hungernder Künstler« werden könnte. Sie erinnerte sich an die Streitigkeiten zwischen ihren Eltern, und wie hilflos und verängstigt sie sich als kleines Mädchen gefühlt hatte. Und trotz all ihrer Bemühungen kam der Standpunkt der Mutter durch – nämlich daß der Vater es nie gut genug machte. Das waren aber nur die Ängste in schlaflosen Nächten. Schließlich hatte sie jemanden gefunden, der sie so liebte, wie sie geliebt werden wollte.

*Lennard:* »Wird Donna mich antreiben und nie zufrieden sein, genau wie mein Vater?«

Lennard hatte also auch seine Ängste, die ihn in der Nacht quälten. Er wollte so gern seinen eigenen Kunststil entwickeln, ohne durch die Zwänge des finanziellen Erfolgs eingeengt zu werden. Er wußte, daß Donna mehr Geld verdiente als er und war stolz darauf, sorgte sich jedoch auch ein wenig. Als sie die Angelegenheit besprachen, meinte sie, er solle tun, was er für richtig halte. Aber Lennard spürte, daß Donna sich zu dieser Haltung zwang; und er wollte sich nicht angetrieben fühlen. Er wollte nur, daß seine Leistungen »gut genug« waren.

Die Verbindung der Familiensysteme von Donna und Lennard enthielt verschiedene Herausforderungen. Beide spürten, daß in den Genogrammen ihrer Kindheit etwas nicht ganz in Ordnung war. Und das wollten sie besser verstehen lernen, um es jetzt, als Erwachsene, richtig zu machen. Beide ahnten die aufregende Chance, aus den alten Elementen etwas Neues und Schönes entstehen zu lassen. Zudem erkannten sie, wenn auch nur vage, daß ihre gegenseitige Anziehungskraft auch ein problematisches und trennendes Potential enthielt.

Donnas Aufgabe war, Lennards Liebe zu akzeptieren und seinen Vorhaben zu vertrauen, ihn nicht unter Druck zu setzen, wie sie sich selbst und ihre Mutter den Vater. Lennards Aufgabe war, so liebend wie seine Mutter zu bleiben und gleichzeitig seine Ziele zu verfolgen, seinen eigenen Leistungen zu trauen und sich nicht entmutigen zu lassen, wie es bei seinem fordernden Vater geschehen war.

Diese schwierigen Sachverhalte forderten ein starkes Abrücken von den Kindheitsmustern. Beide hatten es also in der Hand, in diesem Prozeß zu lernen, dem Partner zu geben, was er brauchte – oder an den alten, sie unglücklich machenden Strukturen festzuhalten.

## Wiederherstellung alter Familiensituationen

Familiensysteme haben die Tendenz, zum Ursprungszustand zurückzukehren. Das heißt, bei der Gründung einer neuen Familie wird versucht, alte Familienstrukturen wiederherzustellen. Es existiert eine »magnetische Anziehung« in Richtung alter Situationen, selbst wenn diese nicht ideal waren. Diese Tendenz, das alte Szenario zu wiederholen, wirkt sich stark auf unser Beziehungsleben aus.

Was tun Menschen, die in der Lotterie gewonnen haben und plötzlich einen anderen finanziellen Status haben? Sie genießen diesen Zustand. Aber nach einigen Jahren entdecken die meisten von ihnen, daß sie in irgendeiner Form zum früheren, vertrauten Lebensstil zurückgefunden haben. Entweder haben sie den größten Teil des Geldes ausgegeben, es verloren oder weggegeben, oder sie haben ungeachtet des neuen Reichtums die alte Familienstruktur aufrechterhalten. Und so etwas geschieht auch bei Liebesbeziehungen. Die Partner neigen dazu, altvertraute Situationen wiederherzustellen, selbst wenn diese für sie nicht so ideal sind.

Wie bereits bekannt, haben wir die Tendenz, Gefährtinnen oder Gefährten entsprechend den uns vertrauten Eigenschaften eines Elternteils auszuwählen. Hinzu kommt die Neigung, das vertraute Umfeld oder die »Stimmung« unserer Herkunftsfamilie nachzubilden. Depressionen können genauso dazugehören wie Gefühle des Mangels (finanzieller oder gesellschaftlicher Art etwa), laute oder leise Verhältnisse, Angst vor Krankheit oder ein Gefühl von künstlichem Optimismus. Wenn diese erneut geschaffene Situation nicht der idealisierten, von uns gewollten Version entspricht, werden wir unsere Partner oder die Umstände anschuldigen, ohne dabei zu bemerken, welche Rolle wir bei der Entstehung dieser Familienatmosphäre gespielt haben. Das Klischee »besser ein Zuhause als keines« ist Ausdruck der Tendenz zur vertrauten Umgebung, zu deren Realisierung sich verschiedene Möglichkeiten anbieten.

### Sara und Leon

Sara und Leon verliebten sich fast auf den ersten Blick und heirateten bald danach. Aber nach dem ersten Jahr waren sie mit der Beziehung unzufrieden und schoben sich gegenseitig die Schuld zu. In der Öffentlichkeit wirkte ihr Verhältnis zwar harmonisch, aber zu Hause war die Stimmung düster. In der Therapie entdeckten sie, daß ihre – auf den ersten Blick verschieden wirkenden – Familien gleichermaßen streng, deprimiert und eher auf Kritik als auf Lob aus waren.

Das war das vertraute Element, das sie aneinander entdeckten. Beide hatten gehofft, eine völlig andere Art von Familie zu schaffen, waren jedoch mit den alten »Stimmungserwartungen« in die Ehe gekommen. Nachdem sie das Problem erkannt hatten, konnten sie konstruktiv miteinander umgehen und allmählich eine bessere Situation aufbauen. Um dahin zu gelangen, mußten sie jedoch bewußt und entschieden Verhaltensänderungen vornehmen. Die Anschuldigungen wichen einer Anerkennung, die Forderungen einer Bemühung herauszufinden, was gewünscht und gebraucht wurde. Die frühere erregende Spannung kehrte zurück. Leon sagte später: »Man muß sich vorstellen, daß ich mich mit dem Gedanken trug, die Beziehung aufzugeben, nur weil ich nicht bekam, was ich wollte. Dabei war ich die Hälfte des Problems, und die Trennung von Sara hätte das Problem nicht gelöst. Wir haben noch viel voneinander zu lernen, und das ist spannend!«

## Treue zur Herkunftsfamilie

Ein weiterer wichtiger Baustein zum Verständnis der Wahl bestimmter Partner und der Art, wie wir uns auf sie beziehen, ist die Familienloyalität. So kann zum Beispiel eine geliebte Person zum Sündenbock gemacht werden.

Es gibt einen alten Song mit dem Titel »It Had to Be You«. Er drückt das Gefühl aus, das wir oft bei geliebten Personen haben. Wir lieben sie und ärgern uns gleichzeitig über sie. Wir sind verzweifelt, vielleicht sogar wütend auf das, was sie tun. Und wir mögen uns selbst nicht, wenn wir ständig nörgeln oder böse zu ihnen sind. Aber trotz aller Schwierigkeiten wissen wir, daß es die für uns richtige Person ist. Dieses Phänomen ist verwirrend und vermutlich nur im Familienkontext zu verstehen.

Das Leben als Geschenk – wozu auch die Fürsorge und Zuneigung gehört, die wir als abhängige Kinder erhalten – gibt uns ein Gefühl der Verpflichtung und Loyalität den Eltern gegenüber. Solche Gefühle (die uns bewußt werden können oder unbewußt bleiben) stellen eine mächtige Kraft dar. Wenn wir in der glücklichen Lage waren, angemessene, zärtliche Fürsorge erhalten zu haben – wenn uns unsere Eltern also liebevolle Zuwendung, Unterstützung und Inspiration schenkten –, dann empfinden wir auch später den Wunsch, diese Liebe zurückzugeben. Dieses Bedürfnis muß sich nicht nur auf die Eltern, sondern kann sich auch auf Partner, Kinder oder die Gesellschaft allgemein beziehen – und dem Leben Sinn und Fülle verleihen.

Im Gegensatz dazu kann der Mangel an Zuwendung und Inspiration einen umgekehrten Effekt haben. Viele von uns glauben, daß die Eltern in gewisser Weise versagt haben, daß sie uns vorenthalten haben, was wir gebraucht hätten. Und während wir uns verpflichtet fühlen, unsere Eltern aus Dank zu pflegen und loyal zu behandeln, empfinden wir beträchtlichen Unmut. Denn aufgrund der Verpflichtung drücken wir unsere negativen Gefühle ihnen gegenüber oft nicht direkt aus. (Diese Ambivalenz zeigt sich sehr deutlich, wenn eine nicht zur Familie gehörende Person unsere Eltern kritisiert. Auch wenn wir davon überzeugt sind, daß sie Kritik verdienen, neigen wir dazu, sie zu verteidigen.)

Was geschieht nun mit diesem Unmut? Aus dem Bedürfnis heraus, unser inneres Bild über die Eltern zu schützen, übertragen wir unseren Unmut spontan auf andere, insbesondere auf unsere Intimpartner, das heißt, wir lassen die Wut, die wir eigentlich unserer Mutter oder unserem Vater gegenüber empfinden, an unseren Liebespartnern aus. Das ermöglicht uns, die Gefühle freizusetzen und den Eltern gegenüber loyal zu bleiben.

Eine Klientin erzählte: »Ich habe festgestellt, daß ich meinem Vater gegenüber liebevolle Gefühle hege, aber ein anderer Teil in mir erinnert sich, daß er Alkoholiker ist und oft böse zu mir war. Er ist der Hauptgrund, weshalb ich in Therapie bin. Es ist komisch, solche liebevollen Gefühle zu haben und gleichzeitig die negativen Erinnerungen. Allmählich begreife ich auch, daß ich meine Wut an meinem Mann auslasse. Ich schaffe sogar dieselben Streitpunkte, die ich mit meinem Vater hatte, und werde bei meinem Mann darüber wütend. Ich möchte, daß meine Ehe funktioniert, aber diese alten Gefühle stehen mir im Weg.«

Die Situation dieser Klientin illustriert, wie wir unsere problematischen Gefühle den Eltern gegenüber oft unbewußt auf die Intimpartner übertragen. Das beginnt meist nach der ersten romantischen Phase – obwohl doch das ursprünglich unbewußte Erkennen von Familienmitgliedern ähnlichen Eigenschaften zunächst Bestandteil der magischen Anziehung war.

Alte, unaufgelöste Ressentiments gegenüber elterlichen Gestalten (oder früheren Partner/innen, die uns Schmerz zugefügt haben) tauchen oft unerwartet auf, und meist in Form der Anklage: »Es ist seine Schuld ...«, »Es ist ihre Schuld ...«, »Wenn sie nur ...«, »Wenn er nur ...«, »Wenn er nur nicht ...«, »Warum kann sie nicht wenigstens ...«, »Wenn sie nur ... würde, dann würde ich ...«. Eltern oder frühere Vertraute zu beschuldigen mag sogar gerechtfertigt sein, aber die Übertragung auf gegenwärtige Liebespartner kann nicht die erwünschte Liebe schaffen, insbesondere dann nicht, wenn das echte Problem eine in der Vergangenheit liegende Situation ist.

In unserem Fall sind die Sündenböcke die Liebespartner. Doch muß uns klar sein, daß es auch Kinder, Chefs, Angestellte oder Gruppen sein können beziehungsweise Menschen anderer Rassen, Religionen oder Nationen. Sündenböcke finden sich leicht. Meist viel schwieriger ist es jedoch, zuzugeben oder sich erst einmal bewußt zu werden, daß der Urgrund der Ressentiments in Personen liegt, die uns in jungen Jahren wichtig waren.

## Verletzungen aus der Vergangenheit – gegenwärtige Ressentiments

Ressentiments aus der Kindheit können nicht nur in Liebesbeziehungen, sondern auch in Freundschaften oder bei Mitarbeitern Probleme schaffen:

Deborah war wegen einer unbefriedigenden Liebesgeschichte zu mir in Therapie gekommen. Sie berichtete, daß sie ihre Wutausbrüche nicht kontrollieren könne, insbesondere wenn sie von ihrem Liebhaber enttäuscht worden war. Die Wut konnte sich in seiner Anwesenheit, aber auch in seiner Abwesenheit entladen, in der Öffentlichkeit wie auch im privaten Rahmen. Da sie sehr hart an ihrer beruflichen Stellung als Firmenleiterin gearbeitet hatte, wollte sie ihre Karriere nicht durch unangemessene emotionale Ausbrüche gefährden. Und daß ihre Reaktionen oft unkontrolliert waren, erschreckte sie.

Die Liebesgeschichte fand ein Ende. Als sich die Liebesgefühle verflüchtigt hatten, bemerkte Deborah jedoch, daß ihre Probleme noch immer vorhanden waren. Sie erzählte von ihrem Chef und von den Streitereien, die sie mit ihm hatte – und wie sehr diese Auseinandersetzungen denen glichen, die sie früher mit ihrem Exgeliebten hatte. Eines Tages ergab sich ein dramatischer Streit, bei dem sie ihrem Chef eine Reihe von Anschuldigungen entgegenschleuderte. Später wurde ihr klar, daß diese wütenden Gefühle kaum anders waren als die, die sie für ihren Exgeliebten oder andere Männer in ihrem Leben empfand. Sie hielt ihr Verhalten für gerechtfertigt, mußte jedoch einschneidende Konsequenzen ziehen: Sie hatte die Firma zu verlassen.

Deborah fand eine neue Stelle. Doch bald berichtete sie über die mangelnde Eignung ihres neuen Chefs. Die Situation wurde nicht nur sehr schwierig, sondern durch die Streitereien mit einem von ihr als inkompetent empfundenen Mitarbeiter noch verschlimmert. Allmählich gelang es ihr jedoch, das Problem als ihr eigenes zu identifizieren, und nicht mehr nur im Zusammenhang mit dem zufälligen Auftauchen von Männern, mit denen sie zwangsläufig stritt. Zusätzlich entdeckte Deborah, daß ihre Komplikationen dieselben waren, die ihre Eltern erlebt hatten. Zunächst wollte sie es nicht wahrhaben, daß ihre Kindheit etwas mit ihrer Gegenwart zu tun hatte. Aber nachdem sie erneut in die alten Gefühle eingetaucht war, erkannte sie zwingend den Zusammenhang.

Deborah war immer besonders darauf bedacht, gerecht behandelt zu werden. Von ihrer unberechenbaren Mutter, einer Alkoholikerin, war sie als Kind meist enttäuscht worden. Man hatte ihr auch oft erzählt, daß der Vater bei ihrer Geburt geweint habe, da sie als Mädchen zur Welt kam. Ganz offen bevorzugte er ihren jüngeren Bruder, was zu ihrem Gefühl beitrug, Mädchen würden nicht gerecht behandelt. Deborah nutzte die Wut ihrer Jugend, um in einer »Männerwelt« eine Karriere aufzubauen.

Sie erkannte, daß sie aufgrund dieser Kindheits- und Jugenderlebnisse immer darauf achtete, nicht ungerecht behandelt zu werden. Sie entdeckte die alten Enttäuschungen, die hinter ihrer Wut standen, und begriff allmählich, wie ihr eigenes Verhalten, so richtig es letztlich auch sein mochte, die Probleme verursachte. Sie wurde Liebesbeziehungen gegenüber realistischer. Statt wie früher eine überwältigende Wut loszulassen, wurde ihr zunehmend bewußter, daß der tiefere Grund für ihre Gefühlsausbrüche in ihrer Traurigkeit über die väterliche Zurückweisung und die mütterliche Unberechenbarkeit zu suchen war.

Wenn sie sich heute ungerecht behandelt und verlassen fühlt, tauchen die alten Gefühle der Wut und Traurigkeit immer noch auf. Aber sie arbeitet daran, sich ihrer Gefühle klarer bewußt zu werden und diese in Zukunft besser einzubringen.

An die Vergangenheit bindende Loyalitäten können eine Hilfe oder Verpflichtung (vermutlich beides) bei Partnerwahl und Beziehung sein. Dabei ist es äußerst wichtig, zur Vergangenheit gehörende Anschuldigungen und/oder Ressentiments nicht auf problematische Gegenwartssitutionen zu beziehen, um eine glückliche Beziehung nicht zu gefährden.

Bei dem Versuch, einen passenden Sündenbock oder eine an die schmerzliche Vergangenheit erinnernde Person zu finden, geraten wir natürlich an jemanden, der nicht den Kriterien der Idealperson entspricht. Diese kann die Vergangenheit unter Umständen noch viel mehr spiegeln, als für die Gegenwart wünschenswert oder zuträglich ist. So mögen Sie also gemäß dem alten Song »always hurt the one you love« und dennoch das Gefühl haben: »it had to be you«. Wenn Sie zur 3. Übung zurückgehen (Vergleich der idealen mit den realen Partnern), werden Ihnen die Unterschiede klar, die sich bei der unbewußten Wahl eines Sündenbocks ergeben. Hier handelt es sich um die Logik unbewußter Bedürfnisse, keinesfalls aber um die Logik einer erfolgreichen Beziehung.

Für die meisten von uns kann die unbewußte Neuinszenierung unguter, aber vertrauter Familienszenarios zur gefährlichen Beziehungsfalle werden. Entwickeln wir jedoch ein Bewußtsein für die familienbedingten Gefühle und Stimmungen, dann können wir die erforderlichen Lektionen lernen, müssen also nicht die alten schmerzlichen Situationen wiederholen. Bewußtheit ist der erste Schritt zur Verhaltensänderung und damit zur Schaffung der von uns ersehnten Liebe.

Wenn wir in einer harmonischen Familie aufgewachsen sind, fällt es uns leicht, zufriedenstellende Beziehungen herzustellen. Menschen mit diesem glücklichen Erbe mögen sich fragen: »Was ist das Problem? Du verliebst dich und bist jetzt mit dieser anderen Person zusammen. Natürlich mußt du dich in einer Weise verhalten, die der Beziehung förderlich ist, aber das ergibt sich von selbst.«

Das »ergibt sich« jedoch nur »von selbst«, wenn es eine vertraute Erfahrung aus der eigenen Familie ist. Andernfalls bedeutet es bewußt initiiertes neues Lernen.

## »Zufluchtsehen«

Judith Wallerstein beschreibt in ihrem auf einer Studie erfolgreicher Paare beruhenden Buch »Gute Ehen« die Art von Verbindung, die sie »Zufluchtsehe« nennt. Zwei Menschen mit schwieriger Kindheit und ohne positive Vorbilder für die Ehe tun sich in der Absicht zusammen, den Traum von der ersehnten Familie zu realisieren. Da beide das Bedürfnis haben, alte Verletzungen zu heilen und einander zu helfen, wenn Probleme aus der Vergangenheit auftauchen, sind sie in der Lage, eine intakte Ehe zu gestalten. Sie sind fest entschlossen, für ihre Kinder das emotional positive Umfeld zu schaffen, das sie selbst entbehren mußten. Die schmerzliche Vergangenheit ist ihnen Antrieb, diese nicht zu wiederholen. Solche Ehen mögen stürmisch sein, aber die beiden Partner sind durch ein starkes Band der Liebe verbunden, was ihnen und ihren Kindern zugute kommt. Die Wahl einer Partnerin oder eines Partners, die diesen Traum teilen wollen und gewillt sind, alles zu seiner Realisierung Erforderliche zu tun, spielt bei diesen Ehen eine enorm wichtige Rolle.

## Ressentiments aus der Kindheit besser freisetzen

Sich von den negativen Gefühlen aufgrund der Verletzungen aus der Kindheit zu lösen, ist oft schwer, manchmal sogar unmöglich. Werden sie aber zunächst aufgespürt und dann auf unschädliche Weise freigesetzt, kann verhindert werden, daß sich ihre negative Wirkung gegen die falschen Menschen wendet – seien es nun Liebespartner/innen oder andere ungeeignete Personen. Wie sieht nun die Freisetzung solcher Gefühle aus? Im Gegensatz zur Situation in der Kindheit und Jugend ist es jetzt möglich, über die Trauer oder Angst (zunächst meist als Wut erlebt) zu sprechen, zu schreiben oder sie auszuleben. Manchmal mag es auch angebracht sein, diese Gefühle direkt den Verursachern gegenüber auszudrücken (Elternteil oder andere für die Verletzung Ihrer Gefühle verantwortliche Person). Meist jedoch genügt es bereits, sich einer Person des Vertrauens zu öffnen, und damit die Gefahr weiterer Verletzungen zu vermeiden. Schädigt jedoch die Ansammlung unausgedrückter Gefühle weiterhin die Beziehung in unkontrollierter Weise, dann sollte zur Heilung dieser alten Wunden therapeutische Hilfe in Anspruch genommen werden. (Mehr Informationen darüber im 10. Kapitel.)

Beim nächsten Schritt kreieren Sie zur Aufarbeitung der Vergangenheit Ihr eigenes Genogramm. Dadurch erhalten Sie ein individuelles Gesamtbild über den Einfluß Ihrer Familie auf Sie und die Wahl Ihrer Liebespartner/innen.

# 4. Übung: Erstellen des Genogramms (Familienstammbaums)

*Am besten richten Sie sich bei der Erstellung Ihres Genogramms nach der Grafik von Seite 41. Nehmen Sie ein Blatt Papier (mindestens DIN A4) und schreiben Sie darüber: »Meine Herkunftsfamilie«. Orientieren Sie sich nun genau an der Grafik, und machen Sie Ihren Entwurf zwei- bis dreimal größer als die Vorlage, damit Sie genügend Platz zum Schreiben haben. Achten Sie darauf, daß alles Wichtige Platz findet (z.B. viele Ehen, viele Kinder). Kreise stehen für Frauen, Quadrate für Männer. Die Familienverhälnisse werden folgendermaßen dargestellt:*

*1. Ehen und Scheidungen: Die durchgezogene, waagerechte Linie zwischen den Partnern kennzeichnet eine Ehe, die bis zum Tod dauert oder gedauert hat. Die durchbrochene Linie symbolisiert Scheidung. (Unverheiratet zusammenlebende Paare, die ihre Beziehung als dauerhaft betrachten, können dies mit einer durchgezogenen Linie andeuten. Unverheiratete Paare mit einem Kind, die jedoch momentan nicht in einer Beziehung miteinander leben, symbolisieren ihre Situation mit einer durchbrochenen Linie.)*

*2. Kinder: Kinder und Eltern werden durch eine senkrechte Linie miteinander verbunden. Die Geschwisterreihe geht vom ältesten zum jüngsten Kind. In jedem Fall ist nur die biologische Familie zu berücksichtigen. (Nicht die Angetrauten von Brüdern oder Schwestern einfügen; es geht nur um Ihre Herkunftsfamilie.) Und natürlich setzen Sie sich auch ein. Mehrfache Geburten werden mit Kreisen und/oder Quadraten angedeutet und mit einer waagerechten Linie entsprechend der Geschwisterreihenfolge verbunden – auch Totgeburten.*

*3. Tod: Mittlerweile verstorbene Personen werden mittels eines Diagonalstrichs durch den Kreis oder das Quadrat gekennzeichnet.*

*4. Beschreibungen: Wenn das Genogramm gezeichnet ist, werden die jeweiligen Namen in die Kreise/Quadrate eintragen. Zur Beschreibung der Personen bis zu zehn Wörter dicht an Kreis oder Quadrat schreiben. Es geht schnell und einfach, wenn Sie schreiben, was Ihnen spontan einfällt. Kennen Sie einige Personen nicht genau oder gar nicht, schreiben Sie Informationen oder Vermutungen auf. Es ist überraschend, wieviel man schlußfolgern kann – oder was man alles nicht weiß. Jedenfalls ist jetzt klarer, was Ihnen fehlt, so daß Sie Auskünfte einholen können. Absolut vollständige Informationen sind nicht nötig, würden das Genogramm aber bereichern.*

*5. Familienregeln und -werte: Fertigen Sie jetzt auf jeder Seite eine Liste aller Regeln und Werte an, die den beschriebenen Familienmitgliedern wichtig sind/waren. Meist beziehen sich solche Regeln auf die üblichen Familienangelegenheiten wie Essen, Geld, Arbeit, Erziehung, Schulnoten, Spiele, Sexualität, Haushalt, Geheimnisse, wer was bestimmt usw.*

*Einige dieser Regeln werden/wurden ausgesprochen, für andere existiert ein stillschweigendes Einverständnis. Zur eigenen Klarheit werden Sie darüber meist erst nachdenken müssen, was sehr wichtig sein kann. Zum Beispiel, ob es Suchtprobleme wie Alkoholismus in der Familie gibt, die als Familiengeheimnis gehütet werden. Jede Art von Mißbrauch kann geduldet werden und damit ein Familiengeheimnis darstellen. (Natürlich machen Sie dieses Schaubild nur für sich allein. Gestalten Sie es also mit möglichst vielen Informationen so vollständig wie möglich aus.) Andere offen genannte oder unausgesprochene Familienregeln können sein:*

- »Wir mögen keine reichen Leute.«
- »Das dürfen die Nachbarn (Außenstehende) nicht wissen.«
- »Kinder soll man sehen, aber nicht hören.«
- »Wenn du dich schlecht benimmst, bekommst du von Vater oder Mutter Prügel.«
- »Ohne Ausbildung wirst du nichts.«
- »Der Platz einer Frau ist im Haus.«
- »Harte Arbeit zahlt sich aus.«

*Wenn Sie in den 1960er Jahren aufgewachsen sind und von der sexuellen Revolution und/oder der Frauenbewegung beeinflußt wurden, dann werden sich Ihre Regeln von den hier genannten unterscheiden. Interessant ist der Vergleich Ihrer Regeln mit denen Ihrer Eltern.*

*Wenn Sie in zwei Familien mit zwei getrennten Haushalten aufgewachsen sind, dann haben Sie vielleicht zwei Arten von Regeln und müssen daher zwei Listen anfertigen (interessant, das zu klären!). Diese enthalten in derselben Weise offen ausgesprochene oder stillschweigend akzeptierte Regeln wie oben beschrieben.*

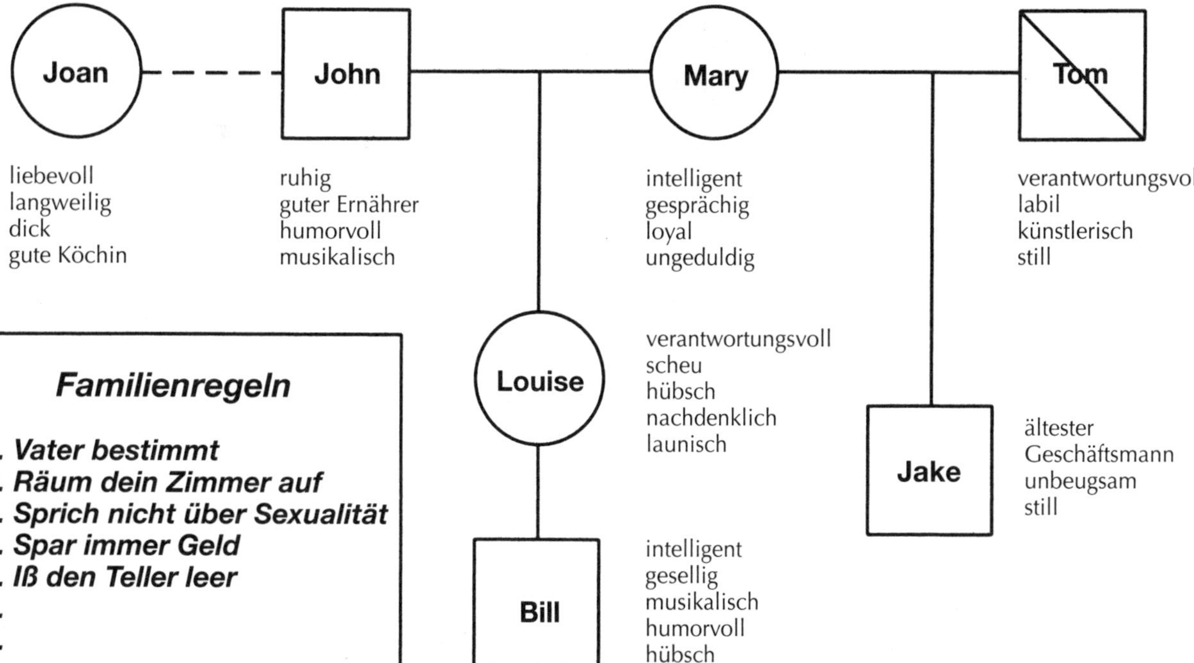


***Familienregeln***

***1. Vater bestimmt***
***2. Räum dein Zimmer auf***
***3. Sprich nicht über Sexualität***
***4. Spar immer Geld***
***5. Iß den Teller leer***
***6.***
***7.***
***8.***

## Generation der Großeltern

Wir werden uns später mit der Benutzung des Genogramms auseinandersetzen und wollen nun zum besseren Verständnis zunächst eine Generation zurückgehen. Denn auch die Familie Ihrer Eltern und deren Familien hatten einen entscheidenden Einfluß darauf, was aus Ihnen geworden ist. Das kann sich für Sie einfach oder schwierig gestalten. Sollten Sie sich an gewisse Dinge nicht erinnern können, so mag dieser Umstand bereits aufschlußreich für Sie sein.

Verwenden Sie ein neues Blatt Papier (nicht die Rückseite des ersten Genogramms, da sie beide nebeneinander ansehen sollen). Schreiben Sie über das Blatt »Mutters Familie«, und gehen Sie dann wie bei der Anfertigung des ersten Genogramms vor. Fügen Sie nicht die Angetrauten von Tanten und Onkeln hinzu. Beschreiben Sie nur die Herkunftsfamilie Ihrer Mutter. Vermutlich wird es schwierig, die Regeln dieser Familie ausfindig zu machen. Aber meist lassen sich wenigstens einige allgemeine Regeln ausmachen. Diese werden sich sicher von Ihren eigenen unterscheiden, aber vielleicht gibt es auch einige Ähnlichkeiten. Jedenfalls ist es wichtig, daß Sie die Regeln kennenlernen, mit denen Ihre Eltern aufgewachsen sind – schließlich hatten diese den größten Einfluß auf Ihr Leben.

Anschließend fertigen Sie ein Genogramm für die Familie Ihres Vaters an, bei dem Sie in derselben Weise wie bisher vorgehen.

Viele Menschen entdecken, daß sie manche Vornamen von Großeltern oder Geschwistern der Eltern nicht wissen. Das mag ein Ansporn sein, Verwandten und/oder alten Freunden der Familie einige Fragen zu stellen. Schreiben Sie auf, was Sie wissen, und ziehen Sie Schlußfolgerungen. Wahrscheinlich gibt es einige Anhaltspunkte – ob sie reich oder arm, gebildet oder nicht gebildet waren, auf dem Land lebten, in der Stadt oder in welchem Teil der Welt. Das alles läßt auf Wertvorstellungen und Familienregeln schließen. Zum Abschluß fertigen Sie Ihr eigenes Genogramm an – falls Sie verheiratet sind oder waren oder ein Kind haben. Das kann sich für Sie je nach Alter und Erfahrung einfach oder kompliziert gestalten, aber in jedem Fall werden die notwendigen Informationen leichter verfügbar sein.

Legen Sie die fertigen Genogramme auf den Tisch oder Boden, und suchen Sie Ähnlichkeiten und Unterschiede, die Sie unmittelbar betreffen. Gibt es Muster, die sich durch alle Generationen ziehen?

Beantworten Sie die nachfolgenden Fragen zur eigenen Information. Seien Sie sorgsam, denn sogar ein oder zwei »überraschende« Antworten oder bisher geheimgehaltene Fakten könnten völlig neue, vielleicht sogar lebensverändernde Erkenntnisse in bezug auf Ihre Beziehung bringen. Schreiben Sie die Antworten am besten auf, und arbeiten Sie sie mit jemandem laut durch oder durchdenken Sie sie allein.

*1. Wer fügte sich in jeder Generation den Familienregeln, wer opponierte? Gab es Unterschiede zwischen Frauen und Männern? Veränderten sie sich von einer Generation zur anderen, oder blieben sie unverändert? Beantworten Sie diese Fragen für die Familien mütterlicher und väterlicherseits, und prüfen Sie, ob Ihre Herkunftsfamilie mehr der einen oder der anderen gleicht. Ähneln einige der Opponenten/Konformisten mehr der Mutter oder dem Vater? Gibt es Suchtprobleme (Alkohol, Essen, Drogen, Sexualität, Arbeit usw.), die sich von Generation zu Generation wiederholen?*

*2. Die Geschwister in jeder Familie: Entwickelten sie sich eher wie die Eltern oder gingen sie ganz andere Wege? Mehr wie der Vater oder mehr wie die Mutter? Gibt es Unterschiede zwischen den weiblichen und den männlichen Geschwistern?*

*3. Welche Eigenschaften ihrer eigenen Familie und der Ihrer Eltern schätzten Sie am meisten? Welche Eigenschaften bereiteten Ihnen am meisten Probleme?*

*4. Mit welchem Elternteil hatten Sie die größten Schwierigkeiten? Welche speziellen Eigenschaften waren für Sie problematisch? Hatte irgendeine/r Ihrer Liebespartner/innen solche Eigenschaften? Haben Sie bewußt Partner gewählt, die anders als Ihre Eltern waren? Haben Sie später Ähnlichkeiten entdeckt, die Ihnen anfangs nicht bewußt waren?*

*5. Nach welchem Elternteil richteten Sie sich? Wählten Sie Partner/innen, die eher diesem oder dem anderen Elternteil ähnelten – oder einem ihrer Geschwister, einem Großelternteil oder einer anderen wichtigen Person?*

Das nächste Kapitel bietet Gelegenheit, mehr Kontakt mit den Kindheitsmustern aufzunehmen, die Ihre Beziehungen beeinflussen. Sie werden mehr persönliche Daten sammeln, die eine Aussage über Ihr Verhalten in Liebesdingen gestatten.

# 4 Wiedererleben alter Familienmuster

Bisher haben wir verschiedene Dimensionen der »Liebeslogik« erforscht. Nun sollen zwei weitere Übungen das Verständnis vom Zustandekommen unserer Partnerwahl abrunden und den Zyklus der sechs Anfangsübungen beenden. Anschließend werden die Ergebnisse zusammengefaßt.

## Was ist mit Ihrer Kindheit?

»Erzählen Sie mir von Ihrer Kindheit.«

Eine solche Frage mag eine Flut von Erinnerungen auslösen – oder nur ein vages Wiedererinnern oder gar ein völliges Unvermögen. Aber gleichgültig, wie Sie reagieren, ist die Kindheit eine der wichtigsten Phasen im Leben, die es zu erforschen gilt. Denn hier entstehen die Grundmuster des Liebens, die die Art und Weise festlegen, wie man später Partner/innen wählt. Es ist wichtig, die eigenen Kindheitsszenarios wieder aufzusuchen, da sie den Hintergrund dessen bilden, was wir heute von einer Liebesbeziehung erwarten.

Die folgende Übung baut auf den vorangegangenen auf und unterstützt beim Wiedererleben von Kindheitserinnerungen und Familienbeziehungen. Damit erhalten Sie erneut die Gelegenheit, das bisher Erörterte persönlich nachzuvollziehen. Dies gestattet Ihnen, Ihre eigenen emotionalen Beziehungsbedürfnisse genau zu bestimmen. Die Fragen gehen jetzt mehr ins Detail, wodurch der Erforschungsprozeß intensiviert werden soll.

Die Übung folgt aber einem anderen Schema als bisher, da sie mit einer Reihe von Detailfragen der Erinnerung Hilfe leistet. Sie können sich die Fragen selbst vorlesen, ich empfehle jedoch, sich eine Person des Vertrauens (Familie, Freundeskreis) zu wählen und diese vorlesen zu lassen. Sie können dann in Ruhe die Augen schließen und sich auf Ihre Erinnerungen konzentrieren. Eine gute Lösung ist auch, die Fragen auf Band zu sprechen. Mit der Pausentaste kann dann die Geschwindigkeit des gesamten Ablaufs gesteuert werden.

Die Übung dauert etwa zwanzig Minuten oder weniger. Vielleicht möchten Sie sich aber länger mit ihr befassen und sie mit dem/der Vorleser/in besprechen, darüber schreiben oder nachdenken. Die Übung endet mit zwei Fragen, die schriftlich kurz zu beantworten sind. Legen Sie also Papier und Stift bereit.

Suchen Sie sich jetzt einen ruhigen Platz, wo Sie ungestört sind. Achten Sie in jedem Fall darauf (ob Sie die Übung nun selbst lesen oder vorgelesen bekommen), daß zwischen den einzelnen Fragen genug Zeit zum Nachdenken ist. Und sprechen Sie während der Übung nicht, sondern konzentrieren Sie sich auf das, was in Ihrem Inneren vor sich geht. Damit Sie aus der Versenkung nicht unnötig herausgerissen werden, machen Sie zuvor mit dem/der Vorleser/in einige einfache Handzeichen aus, die andeuten, ob schneller oder langsamer zu lesen oder gar zu pausieren ist. Bei Benutzung eines Kassettenrekorders regulieren Sie mit den entsprechenden Tasten alles selbst.

Ihre Gefühle werden im Verlauf der Übung recht widersprüchlich sein. Das ist nichts Ungewöhnliches. Versuchen Sie also nicht, Unangenehmes zu unterdrücken. Erleben Sie bewußt alle Ihre Reaktionen.

Machen Sie es sich jetzt bequem … Schließen Sie die Augen, und beginnen Sie.

# 5. Übung: Erinnern der Kindheit

Stell dir dich als Kind vor. Wähl ein spezielles Alter, an das du dich gut erinnern kannst – am besten zwischen vier und sieben Jahren. Bleib bei einem Alter. Kommen jedoch Erfahrungen aus anderen Jahren hinzu, nimm Notiz davon und fahr dann fort.

Stell dir vor, wie du als Kind erscheinst: Haar, Kleidung, Körperbau, Größe ... Stell dir vor, du stehst vor deinem Zuhause (wenn du in diesem Alter an verschiedenen Orten wohntest oder die Erinnerungen undeutlich sind, wähl das erste, an das du dich gut erinnerst). Laß die mit diesem Platz verbundenen Gefühle wieder aufleben ... Lausche den Geräuschen ... Stell dir nun vor, daß du in dieses vertraute Zuhause eintrittst ... Versuch dir die Anordnung der Zimmer vorzustellen ... Geh nun in Gedanken in deinen Schlafraum von damals ... Achte auf Farben ... die Verteilung der Möbel ... Fenster ... Berühr etwas, vielleicht setzt du dich auf das Bett ...

Erinnere dich, wie du nachts ins Bett gingst. Hattest du ein Lieblingsspielzeug oder eine Lieblingsdecke ...? Einen Daumen im Mund ...? Wie fühlt sich das an ...? Hörst du etwas ...? Teilst du den Raum mit jemandem ...? Streitest du mit jemandem in diesem Zimmer über Platz, Spielzeug, Ordnung ...? Gibt es hier Geheimnisse ...? »Schickt« dich jemand hierher ...? Welches Gefühl hast du von dir selbst in diesem Raum ...?

Geh nun in die Küche ... Was siehst du ...? Was hörst du ...? Was riechst du ...? Was schmeckst du ...? Wer ist bei dir ...? Hilfst du bei etwas ...? Wie fühlst du dich in der Küche?

Geh jetzt in das Wohnzimmer. Wer ist hier ...? Erinnerst du dich an die Möbelanordnung ...? Läuft das Radio oder der Fernseher ...? Setz dich an deinen Lieblingsplatz oder an einen Platz, an den du dich erinnerst ... Wie fühlt sich das an ...? Geh in den großen Aufenthaltsraum oder in das Spielzimmer, falls so etwas vorhanden ist ... Erinnerst du dich an hier stattgefundene Aktivitäten ...? Was fühlst du in diesem Raum ...?

Erinnere dich nun an die Leute, die in diesem Haus wohnen ... Konzentriere dich auf deine Mutter (oder Pflegemutter) ... Wie sieht sie aus ...? Wie fühlt es sich an, ihr nahe zu sein ...? Wie fühlt sich ihre Berührung an ...? Was sagt sie in deiner Erinnerung ...? Wann verläßt sie das Haus ...? Wann kehrt sie zurück ...? Erinnerst du dich an ihr Gesicht und ihre Worte, wenn sie liebevoll war ... wenn sie ärgerlich war ...? Bring sie mit einem bestimmten Duft in Verbindung ... Erinnere dich an deine Gefühle ihr gegenüber ...

Konzentriere dich nun auf deinen Vater (Pflegevater) ... Wie sieht er aus ...? Wann verläßt er das Haus ...? Wann kehrt er zurück ...? Wie klingt seine Stimme für gewöhnlich, wenn er zu dir spricht ...? Wie klingt er, wenn er ganz liebevoll ist ...? Wie klingt er ärgerlich ...? Wie zeigt er, da? er sich um dich sorgt ...? Liest er dir vor ...? Spielt er mit dir Spiele ...? Hat er einen besonderen Duft ...?

Stell dir jetzt Mutter und Vater (Pflegeeltern) zusammen vor ... Sieh ihre Gesichter an ... Denk an eine Zeit, in der beide ... ärgerlich ... besorgt ... liebevoll sind ... Berühren sie sich ...? Wie berühren sie sich ...? Was fühlst du, wenn du beide zusammen siehst ...?

Wie klingen ihre Stimmen, wenn sie miteinander sprechen ...? Was sagen sie ...? Wie sprechen sie über dich ...? Wie sprechen sie über Geld ...? Sprechen sie auch über Sexualität ...? Über welche anderen Dinge sprechen sie ...? Worüber streiten sie ...? Was fühlst du, wenn du dich an Mutter und Vater zusammen erinnerst ...?

Erinnere dich an ein typisches Abendessen im Familienkreis ... Wer ist anwesend ...? Welche Unterhaltung gibt es ...? Die Gerüche ...? Die Geschmacksrichtungen ...? Wie fühlst du dich ...?

Laß einige Momente lang sonstige Erinnerungen aus dieser Zeit und von diesem Ort auftauchen ... Irgendwelche Anblicke ...? Geräusche ...? Gefühle ...?

Nehmen Sie sich reichlich Zeit für die Beendigung dieser Kindheitserfahrung.

Fühlen Sie sich nun allmählich wieder als Erwachsene hier in diesem Raum. Bewegen Sie sich ein wenig. Machen Sie einige tiefe Atemzüge. Stellen Sie sich nun den Raum vor, in dem Sie sich befinden. Wenn Sie bereit sind, öffnen Sie langsam die Augen und dehnen und strecken Sie sich. Konzentrieren Sie sich schließlich voll auf das Hier und Jetzt.

Nach Beendigung der Übung beantworten Sie nun (ohne zu sprechen) schriftlich folgende Fragen. Schreiben Sie Wörter, halbe oder ganze Sätze. Was Ihnen zuerst in den Sinn kommt, ist am nützlichsten. Lange, ausführliche Antworten sind nicht nötig.

1. Als kleines Kind wollte ich so sehr, daß jemand in meiner Familie

........................................................................................................................

2. Was mich als kleines Kind am meisten gekränkt hat, war

........................................................................................................................

Schreiben Sie zu diesen Antworten »5. Übung« und heben Sie sie mit den übrigen Übungen für später auf. Achten Sie beim Beenden solcher »Erinnerungsübungen« immer darauf, Ihr Bewußtsein wieder voll in den Körper und ins Hier und Jetzt zu lenken. Wenn Sie das Gefühl haben, weggetreten zu sein oder sich leicht benommen oder in einem traumhaften Zustand fühlen, dann atmen Sie mehrmals tief durch und bewegen Sie sich. Oft hilft es auch, wenn Sie eine Kleinigkeit essen.

Nun folgt die sechste und letzte Anfangsübung. Wenn sie beendet ist, können Sie alle sechs Übungen zu einem Gesamtbild zusammensetzen und erkennen, wie sie Ihre Liebespartner wählen.

## GROSSELTERN

Zu Ihrem Genogramm gehören auch die Großeltern. Damit erhalten Sie Daten, die Ihnen nun die Gelegenheit geben, gedanklich nachzuvollziehen, wie diese von Ihren Eltern erlebt wurden. Selbst wenn Sie Ihre Großeltern nicht kannten, können sie einen enormen Einfluß auf Sie ausüben. Mein Leben wurde zum Beispiel durch den plötzlichen Tod meines Großvaters väterlicherseits entscheidend geprägt. Mein Vater war damals zwölf Jahre alt. Ab sofort mußte er arbeiten gehen, um die Familie zu ernähren. Das heißt, er hatte keine Jugend wie die meisten von uns. Und aus diesem Grund konnte er nicht verstehen, wie es für mich war, Jugendliche zu sein! Als es mir viele Jahre später gelang, mich in seine Situation zu versetzen, begann ich zu verstehen, was der Tod seines Vaters für ihn – und für mich – bedeutete.

In meinen Workshops ist die Großeltern-Übung immer die effektivste Übung, um über gewöhnliche Erfahrungen hinauszugelangen und auf neue Weise Teile der Vergangenheit zu berühren. Manche empfinden sie auch als Herausforderung. Machen Sie Ihre eigenen Erfahrungen damit. Möglicherweise müssen Sie Ihre Vorstellungskraft heranziehen, um fehlende Informationen zu ergänzen. Aber sorgen Sie sich nicht, wenn Ihnen einiges nicht einfällt. Es geht letzlich mehr um emotionale Höhepunkte als um genaue Details.

Sie können, wie in der Übung zuvor, die Fragen der 6. Übung für sich lesen oder auf Band sprechen. Natürlich ist es günstig, wenn Sie jemanden haben, die oder der Ihnen vorliest, so daß Sie sich ganz auf die Fragen konzentrieren und eine ungestörte Erfahrung machen können.

Die Übung gliedert sich in fünf Teile. Zunächst geben Sie vor, Ihre Mutter (oder Pflegemutter) zu sein und beantworten die Fragen über deren Mutter und Vater. Dann geben Sie vor, Ihr Vater (oder Pflegevater) zu sein und beantworten die Fragen über dessen Mutter und Vater. Dabei werden Sie überrascht feststellen, wieviel Sie über Ihre Mutter und Ihren Vater und deren Beziehungen zu ihren Eltern wissen.

Wenn Sie als Säugling oder Kleinkind adoptiert wurden, beziehen Sie sich auf die Eltern Ihrer Adoptiveltern, da letztere Ihr Leben beim Aufwachsen am meisten beeinflußt haben. Wenn Sie von nur einem Elternteil aufgezogen wurden, können Sie diese Übung für den Elternteil, den Sie nicht kannten, sowie für den, der Sie aufzog, machen. Sind die verfügbaren Informationen jedoch zu lückenhaft und erscheint Ihnen die Übung für beide Elternteile zu schwierig, können Sie den Elternteil, über den Sie zu wenig wissen, übergehen. Entscheiden Sie sich aber, mit diesem Elternteil zu arbeiten, dann ersetzen Sie die fehlenden Informationen durch das, was Ihnen Leute erzählt haben (oder andeuteten) und was Sie sich über ihre/seine Kindheit vorstellen können.

Lassen Sie sich jetzt die Fragen vorlesen, oder stellen Sie Ihren Rekorder an. Wenn Ihnen jemand vorliest, soll diese Person den Namen Ihrer Mutter in die Fragen aufnehmen. Schließen Sie nun die Augen und konzentrieren Sie sich geistig und seelisch auf die Erinnerungen.

# 6. Übung: Die Großeltern

*Stell dir dich als deine Mutter in ihrer Kindheit oder Teenagerzeit vor. Du (als deine Mutter) kannst unterschiedliches Alter haben, aber immer in der Kind- oder Teenagerphase.*

*Wie siehst du aus …? Welche Haarfarbe hast du…? Wie ist deine Körperform …? Hast du irgend ein besonders Gefühl bezüglich deines Aussehens …? Versetz dich in die Gegend, in der du lebst … Wie sieht die Umgebung aus …? Stell dir dein Zuhause vor … Ist es ordentlich … unordentlich …? Ist es groß … klein …?*

*Nun siehst du deine Mutter (oder Pflegemutter) den Raum betreten … Wie sieht sie aus …? Wie ist sie …? Ist sie liebevoll …? schroff …? kühl …? beschäftigt …? Wie würdest du sie beschreiben …?*

*Was tut sie während des Tages …? Kümmert sie sich um das Haus, oder macht das jemand anderes …? Kocht sie für die Familie …? Hat sie eine Arbeit oder Aktivitäten, die sie regelmäßig von dir und von zu Hause fernhalten …? Hast du das Gefühl, genug Aufmerksamkeit von ihr zu bekommen …? Ist sie intellektuell …? Sinnlich …? Wie ist es, ihre Tochter/ihr Sohn zu sein …? Vertraust du ihr Geheimnisse an …? Lachst du mit ihr …? Weinst du mit ihr …? Bist du nicht ihrer Meinung …? Offen …? Schweigend …? Was schätzt sie …? Stimmst du mit ihren Wertvorstellungen überein …?*

*Erinnere dich nun an die einschneidendsten Ereignisse in deinem Familienleben … Umzug an einen anderen Ort …? Todesfälle …? Geburten …? Veränderungen im finanziellen oder sozialen Status der Familie …? Scheidung …? Wie ging deine Mutter mit diesen Änderungen um …? Was ist das Wertvollste, das du von deiner Mutter lerntest …? Was wolltest du am dringlichsten bei deiner Mutter geändert haben …? Denk an weitere Besonderheiten deiner Mutter …*

*Stell dir jetzt, immer noch in der Rolle deiner Mutter in jungen Jahren, ihren Vater (oder Pflegevater) in deinem Zuhause vor. Wann ist er da …? Stell ihn dir vor, wie er nach Hause kommt … Wie sieht er aus …? Haar …? Körperbau …? Was fühlst du, wenn du ihn siehst …? Ist er kühl oder herzlich in der Art, wie er dich begrüßt …? Welche Arbeit verrichtet er in seiner Abwesenheit von Zuhause …? Bekommst du überhaupt etwas von seiner Arbeit mit …? Ist es eine geistige oder körperliche Arbeit oder eine Mischung daraus …? Bist du auf diese Arbeit stolz, macht es dich verlegen oder stehst du ihr neutral gegenüber ...? Holst du dir Rat bei deinem Vater, besprecht ihr Probleme ...? Wenn ja, welche Art von Antworten erhältst du meist ...? Welche sind die größten Belange oder Sorgen deines Vaters ...? Bist du anderer Meinung ...? Wenn ja, wie reagiert er darauf ...? Was schätzt dein Vater ...? Stimmst du mit seinen Wertvorstellungen überein ...? Welche waren die einschneidendsten Veränderungen in deinem Familienleben ...? Geburten ...? Todesfälle ...? Umzüge ...? Finanzielle Veränderungen ...? Scheidungen ...? Wie geht dein Vater mit diesen Veränderungen um ...? Was ist für dich das Wertvollste, das du von deinem Vater lernen möchtest ...? Was würdest du an deinem Vater am meisten ändern ...?*

*Erinnere dich an weitere Besonderheiten deines Vaters ...*

*Kehre nun aus diesen Vorstellungen zurück. Erinnere dich an den Raum, in dem du dich im Moment befindest. Geh dahin zurück. Öffne die Augen, streck dich ein wenig, und steh auf. Mach nun eine kleine Pause.*

Anschließend setzen Sie die Übung fort und versetzen sich in ihren Vater. Denken Sie zunächst an die Mutter (oder Pflegemutter) Ihres Vaters und benutzen Sie dieselben Fragen wie bisher. Denken Sie dann an den Vater (Pflegevater) Ihres Vaters. Wenn Ihnen jemand vorliest, soll sie/er den Vornamen des Vaters verwenden.

Das wichtigste Anliegen dieser Übung ist, mehr Verständnis und Mitgefühl für die Eltern zu wecken. In Ihrer Kindheit mögen die Eltern Dinge getan haben, die Sie ihnen nicht verzeihen können. Diese alten Verletzungen können Anlaß für Entscheidungen gewesen sein, die Sie heute bereuen. Sie müssen also auch für sich selbst Mitgefühl entwickeln. Es stellt sich eine größere Einsicht in die Art elterlicher Umgehenweise ein. Sie werden erkennen, daß diese damals getan haben, was sie tun konnten.

Sie lernen also alle möglichen Lektionen über diese Familie, in der Sie aufgewachsen sind. Sollte es negative Gewohnheiten gegeben haben, können Sie jetzt entscheiden, diese künftig nicht mehr zu wiederholen. Damit vermeiden Sie weitere Verletzungen bei sich selbst und geben diese auch nicht an die nächsten Generationen weiter (Kinder, Kindeskinder).

Wenn Sie die sechste Übung beenden, denken Sie auch an andere Personen oder Ereignisse, die Sie als junger Mensch beeindruckt haben. Gab es einen vorzeitigen Todesfall? Gab es wichtige Vorfälle bei den Geschwistern? Bei Tanten oder Onkeln? Finanzielle Veränderungen? Scheidungen? Geburten? Wie war Ihre Familie davon betroffen? Denken Sie an die Reaktionsweise Ihrer Familie. Denken Sie an die Reaktionen anderer Menschen auf solche Vorkommnisse, und überlegen Sie, was Ihre Familie so besonders oder einzigartig macht. Welchen Einfluß hatte das auf Sie und Ihre Reaktionen? Sie mögen Bedeutendes über Ihre Familie herausfinden, das Sie noch näher kennenlernen müssen. Ein günstiger Zeitpunkt also, um mit einem sachkundigen Familienmitglied zu sprechen oder alte Familiengeschichten durchzustöbern.

### ZUSAMMENFASSUNG: WAS SIE GELERNT HABEN

Sie haben bis jetzt sechs Übungen durchgeführt mit den folgenden Themenschwerpunkten: Idealpartner, Beziehungsgeschichte, Vergleich der idealen mit den realen Partnern, Erstellen des eigenen Genogramms, Kindheitserinnerung, Großeltern. Sie können dieses Material jetzt zusammenstellen und das Profil Ihres eigenen Partnerwahlverhaltens ablesen – sowie die dahinterliegenden Gründe oder Erfahrungen. Dieses Profil gibt Ihnen Auskunft darüber, wie Sie in der Vergangenheit Liebespartner/innen gewählt haben und auf welche Weise Sie heute und künftig die benötigte Liebe kreieren können.

Nehmen Sie sich etwas Zeit, um sich in die Ergebnisse zu vertiefen und ihre Bedeutung besser zu verstehen. Die folgenden Überlegungen sollen Sie dabei unterstützen.

## Allgemeine Gesichtspunkte

Bei der Wahl von Liebespartnern fallen folgende allgemeine Gesichtspunkte auf:

1. Wahl einer Person mit Eigenschaften, die denen eines Elternteils ähnlich sind, von dem man nie so geliebt oder akzeptiert wurde, *wie man es gern gewollt hätte.* Auch wenn diese Person anders in Erscheinung tritt (Äußeres, Interessen usw.), sind die ihr zugrundeliegenden Eigenschaften ähnlicher Natur. Die Art, wie sich diese Person *auf uns bezieht,* ähnelt sehr stark der Art, in der sich eine frühere Bezugsperson um uns kümmerte.

2. Wahl einer Person, die dem Bruder oder der Schwester ähnlich ist und in uns eine unerfüllte Sehnsucht nach Akzeptanz, Liebe oder Gleichheit auslöste (mehr darüber im 5. Kapitel).

3. Wahl einer Person mit vertrauter Problematik (Genußmittel- und Medikamenten- oder Drogenmißbrauch, Eßprobleme, Liebe zum Risiko, Launenhaftigkeit usw.).

4. Wahl einer unerreichbaren Person (sie ist bereits liiert, lebt sehr weit weg oder ist unfähig/nicht willens, die für ein Zusammensein erforderlichen Änderungen vorzunehmen). Damit schafft man oft eine Möglichkeit, den Verlust einer wichtigen Bezugsperson (Tod oder Verlassen) zu »korrigieren« (mehr darüber im 6. Kapitel).

5. Wahl einer Person, die das genaue Gegenteil zu dem Elternteil darstellt, mit dem man Schwierigkeiten hatte. Gary zum Beispiel hatte eine Mutter, die in ständig daran erinnerte, auf die Möbel zu achten, sich die Füße abzutreten und sein Zimmer aufzuräumen. Also wählte er sich mit Bedacht eine Frau, die »angenehm unordentlich« war. Seine Wahl war also immer noch stark vom Verhalten der Mutter beeinflußt. Ein anderes Beispiel wäre, anstelle des sehr fordernden und einem Elternteil vergleichbaren Partners einen sehr sanften Menschen zu wählen. (Allerdings kann eine »sanfte« Person durch passive Aggressivität dominieren.)

Die aufregende Vorstellung auf der Basis der aus der Kindheit vertrauten Szenarios ist, daß sich mit dieser neuen Person *diesmal* der alte, vielleicht längst vergrabene Wunsch verwirklichen läßt. Und tatsächlich scheint diese »neue« Person oft genau die dafür notwendigen Eigenschaften zu besitzen. Doch erfordert die Wahl einer Partnerin oder eines Partners – die oder der fähig und willens ist, Ihnen zu helfen – eine erhebliche Kenntnis dieser Zusammenhänge. Zudem hat Ihr Gegenüber natürlich auch Bedürfnisse, die Sie erfüllen sollen. Später mehr über die aufregende und herausfordernde Aussicht, daß beide die Beziehung nutzen können, um Vergangenes zu heilen und gegenwärtige Bedürfnisse zu erfüllen. Die momentane Aufgabe ist, die persönlichen Beweggründe für die Wahl einer bestimmten Person herauszufinden.

## Anwendung der Übungen

Vergleichen Sie nun die Ergebnisse der 1., 2. und 3. Übung mit denen der 4. Übung (verschiedene Genogramme) und den Antworten auf die abschließenden Fragen der 5. Übung. Stellen Sie sich nun folgende Fragen:

1. Ähneln die von mir gewählten Partner/innen mehr meiner Mutter, meinem Vater, einem Pflegeelternteil oder einem meiner Geschwister?

2. Gibt es Probleme, auf die ich als Kind keinen Einfluß hatte, aber die ich jetzt als Erwachsene »richtig« lösen könnte?

3. Kann ich jetzt, da ich mir meiner Rolle in der Herkunftsfamilie bewußter werde, erkennen, auf welche Art ich diese Rolle in meinem Erwachsenenleben wiederhole?

4. Habe ich eine mir aus der Kindheit vertraute Stimmung wieder aufleben lassen?

Je mehr man sich der eigenen und der Problemstruktur der Familie bewußt wird, desto besser können zu Liebe und Wohlgefühl führende Strukturen gefördert und andere, mit denen man eindeutig gegen sich selbst arbeitet, korrigiert werden. Je bewußter die in der eigenen Familie entwickelten Verhaltensmuster erkannt werden, desto besser ist die Kontrolle über die Gefühle, mit denen man sich verliebt. Einige Fallbeispiele über die Lernprozesse aufgrund der erfolgreich durchgeführten Übungen sollen dies illustrieren:

## JEAN

Jean war 42 Jahre alt und nie verheiratet. Sie war in einer streng katholischen Familie aufgewachsen und zog als Erwachsene weit weg von ihrer Familie. In ihrem Genogramm beschrieb sie ihren Vater als »sanften Heiligen«, ihre Mutter als »lustig« und »neurotisch«. Als Jean sich ihre Beziehungsgeschichte ansah, entdeckte sie, daß alle ihre Partner »amüsant« und »neurotisch« waren. Was für eine Überraschung!

Wie sie aus der Genogramm-Übung erkennen konnte, waren die Familienregeln streng. Jean hatte bewußt dagegen rebelliert.

Sie wählte Männer, die »amüsant« und »neurotisch« waren und Personen, die von der Mutter nicht gebilligt wurden und die sie als gefährlich-aufregend einstufte. Schockiert erkannte Jean das Muster.

Daß sie ihre Mutter als »neurotisch« beschrieb, bedeutete, daß diese äußerst aktiv am Kirchenleben teilnahm und darüber ihre eigenen Bedürfnisse vergaß. Die von Jean gewählten »Neurotiker« waren unpraktisch und unzuverlässig und konnten kaum für sich selbst sorgen, geschweige denn für sie.

»Ich wollte nie derart unter dem Einfluß meiner Mutter stehen, tat es aber doch. Meine Opposition gegen diese alten ›Regeln‹ bewirkte in einem Teil von mir, daß ich mich zu Männern hingezogen fühlte, die ein anderer Teil von mir nicht billigt. Kein Wunder, daß meine Beziehungen nicht funktionierten. Wie kann ich das ändern?«

Der erste Schritt war die Problemerkennung. Jean entdeckte, daß gewisse Probleme, die sie in den Liebesbeziehungen abreagierte, direkt mit der Mutter gelöst werden mußten. Die Antworten auf die abschließenden Fragen der 5. Übung (Erinnern der Kindheit) wiesen auch auf ihre Frustrationen mit der Mutter hin und auf Sehnsüchte, die noch immer ihre Partnerwahl beeinflußten. Zudem erkannte sie, daß ihrem Vater ähnliche Männer keine Herausforderung für sie darstellten, sie nicht reizten. Sie entdeckte, daß sie sich auf Aufregendes konzentriert hatte und in keiner Weise auf Beziehungen mit Sicherheit und Geborgenheit aus war. Vielleicht konnte sie allmählich beides zusammenbringen und Beziehungen schaffen, die sicher, unterstützend *und* aufregend waren.

## Pete

Pete war mit Phyllis verheiratet und fragte sich verzweifelt, ob er in dieser zweiten Ehe bleiben solle. Im Genogramm beschrieb er seinen Vater als »freundlich« und »konservativ« und seine Mutter als »macht das Beste aus der Rolle«, »unpersönlich«, »wenig Nähe«. Sein Hauptproblem war die Mutter. Petes sehnlichster Familienwunsch war, daß »mir jemand zuhört«. Am schlimmsten aber war für ihn, daß er sich fühlte, als sei »etwas nicht in Ordnung« mit ihm.

Anfangs fühlte sich Pete zu Phyllis hingezogen, weil er mit ihr sprechen konnte. Sie genoß (wie seine Mutter) die Rolle als Hausfrau und Mutter. Nach der Heirat entdeckte Pete jedoch, daß es immer wieder vorkam, daß Phyllis ihm nicht richtig zuhörte. Er inszenierte unangenehme Situationen, um auf Distanz zu gehen, wenn sie Nähe suchte. Das mochte er an sich nicht, da es ihn auf das vertraute Kindheitsgefühl zurückwarf: »Bei mir stimmt etwas nicht.«

Als Pete die Übungen machte, hatten sich beide getrennt. Bei der

Konfrontation mit den zusammengestellten Übungsergebnissen entdeckte er, daß es gerade mehr Intimität war, was er am meisten in seinem Leben wollte. Und genau das hatte er in der Zeit mit Phyllis verhindert.

Außerhalb der Hausfrauenrolle fand Phyllis mehr zu sich selbst und wurde dadurch für ihn attraktiver. Pete erkannte, daß Phyllis die Eigenschaften hatte, ihm zu geben, was brauchte: die Fähigkeit zur Intimität. Er konnte im Zusammensein mit ihr also seine Fähigkeit zu Nähe entwickeln, während sie bereits bewiesen hatte, daß es größere Distanz und Unabhängigkeit waren, die sie wachsen ließen (Eigenschaften, die sie ganz besonders entwickeln mußte). Sie konnten einander wundervolle Lehrer sein. Diese Erkenntnis löste zwar nicht alle ihre Probleme, half Pete jedoch die Richtigkeit seiner Wahl zu erkennen, Phyllis zu lieben und mit ihr zu wachsen.

## Beverly

Beverly, eine junge Großmutter, war geschieden. Sie arbeitete erfolgreich als Musiklehrerin, da sie ihr angeborenes Talent und ihre Intelligenz einsetzte. Die Idealpartner-Übung ergab, daß sie am liebsten umhegt und beschützt werden wollte. Das zeigte sich auch in den Antworten am Ende der 5. Übung. Am meisten wollte sie jedoch »anerkannt« werden. Das Schlimmste für sie waren die Titulierungen »keine Rechte«, »Verlierer« und »häßlich«. Ein Teil der Regeln ihrer Herkunftsfamilie war: »Kinder soll man sehen, aber nicht hören.« »Erzähl die Wahrheit über andere Familienmitglieder nicht, wenn sie negativ ist.« »Reiche Leute sind nicht glücklich und mögen uns nicht.« »Wir tun so, als käme Vater an erster Stelle.« Jetzt konnte sie erkennen, warum sie umhegt und beschützt werden wollte. Im Genogramm beschrieb sie ihren Vater als »einen Tyrannen« und »talentiert«. Ihre Mutter beschrieb sie als »intelligent«, und der Begriff des »verschwendeten Lebens« fiel.

Die Beziehungsgeschichte enthüllte ihr viel. Sie erkannte, daß sie Männer gewählt hatte, die in ihren Augen Helden waren, die sie umhegen und beschützen konnten, sich letztlich aber als Enttäuschung herausstellten – wie die Eltern. Sie erinnerte sich, daß ihr ein Mann, in den sie sich ungeheuer schnell und intensiv verliebt hatte, alles erzählte, was sie hören wollte. Dieses Erkennen war ein wichtiger Lernprozeß, insbesondere nachdem Sie entdeckte hatte, daß er ein pathologischer Lügner war! Der nächste Mann schien »sicherer« und

»umhegender«. Doch nach einer Weile erniedrigte er sie verbal. Beverly bemerkte, daß sie bei ihrem Bemühen, umhegt zu werden, angefangen hatte, ihn selbst zu umsorgen und sich daher gar nicht beschützt fühlte. Als sie entdeckte, daß sie eine alte Verhaltensweise aufrechterhielt, brach sie die Verbindung ab.

Heute bezieht Beverly die benötigte Anerkennung aus sich selbst. Sie ist mit ihrer Arbeit zufrieden. Seit einer Weile hält sie sich von Romanzen fern, wodurch sie ihre eigene Fähigkeit zu Erfolg und Sicherheit steigern kann. Damit ist sie auf dem Weg zu einer gesünderen Beziehung. Sie sagte mir:

»Meine Eltern haben mich gut darauf vorbereitet, meine Musikschüler/innen anzuspornen. Meine Kindheit war eine derart intensive Lektion in geringer Selbstachtung, daß ich mich gut in die schlimmsten Gefühle meiner Studenten einfühlen kann. Ich kannte das zu gut! Ich konnte nun im Unterricht sozusagen einen Vorteil daraus ziehen, das heißt, die negativen Erfahrungen nutzen. Auf diese Art haben mir meine Eltern geholfen, eine erfolgreiche Lehrerin zu werden.«

## Alex

Alex nahm im Alter von 50 Jahren an einem meiner Workshops teil. Er war nie verheiratet, hatte aber Freundinnen und beneidete seine verheirateten Freunde. Als er sein Genogramm vor sich hatte, entdeckte er sofort die auffallende Ähnlichkeit zwischen den Familien seiner Mutter und seines Vaters. Die Großeltern-Übung ließ ihn diese beiden Familien gründlicher studieren. In beiden dominierten die Mütter. Die Väter hatten hart gearbeitet und gut für ihre Frauen und Kinder gesorgt. Nach Alex' Meinung war keine der Ehen glücklich, auch nicht die der Kinder. Sein Vater und die beiden Großväter starben jung nach einem wenig freudvollen oder erfüllten Leben.

Alex rief aus: »Kein Wunder, daß ich nie geheiratet habe. Als ich jung war, sah das Heiraten in meiner Familie nicht sehr vielversprechend aus.« Nach der 5. Übung schrieb Alex auf, daß ein Gefühl der Nähe in seiner Familie für ihn am wichtigsten gewesen wäre. Am schlimmsten für ihn war: »Ich fühlte mich allein. Vater arbeitete, Mutter war viel krank.« In seiner Beziehungsgeschichte fand sich nur eine, wenn auch sehr stürmische Romanze. Danach waren seine Beziehungen zu Frauen oberflächlicher. Gruppenaktivitäten erlaubten ihm Geselligkeit ohne Intimität. Die Partnervergleichsübung (3. Übung) zeigte eine weite Kluft zwischen idealer und realer Partnerin.

Vor unseren Übungen dachte Alex, er sei nur noch nicht der richtigen Frau begegnet, und es sei »sein Schicksal«, nicht verheiratet zu sein. Nach Beendigung der Übungen sah er klar die logischen Gründe, warum er nicht verheiratet und nicht fähig war, echte Intimität herzustellen. Mit der neuen Bewußtheit konnte er seine Verhaltensweisen ändern, statt sein Schicksal zu beklagen.

Bisher haben wir die Familiengewohnheiten aus vielen Blickwinkeln studieren können. Die Strukturen einer Familie können klar oder unklar sein. Wichtig ist nur, daß man auf neue, konzentrierte Weise über sich nachdenkt. Wenn Sie nun weiterlesen, können Sie die aus den Übungen resultierenden Erkenntnisse auf Ihre persönliche Situation übertragen. Sollten sich besonders störende Probleme ergeben, können Sie diese mit einer befreundeten Person, einem Familienmitglied oder in einer Beratung bzw. Therapie besprechen.

Wir konzentrieren uns nun auf die Umstände bei der Geburt sowie auf die Beziehung zu den Geschwistern. Das Eintreten von Kindern in ein Familiensystem führt zwangsläufig zu tiefgreifenden Veränderungen. Wie die Familie mit einem solchen Zuwachs umgegangen ist und wie sich dies auf Ihre Entwicklung und auf Ihre spätere Partnerwahl ausgewirkt hat, wird im folgenden thematisiert.

# 5 Geburt und Geschwister: Weitere Liebeslektionen

Die Erfahrungen mit Menschen und Umständen zu Beginn unseres Lebens lassen uns zu gewissen Grundüberzeugungen gelangen. Meist bleibt dabei unbemerkt, daß diese so früh gefällten und nicht mehr erinnerbaren Überzeugungen einen mächtigen, weitreichenden Einfluß auf unser Leben haben. Daher kann die Rekonstruktion früherer Umstände und die Bewußtmachung damaliger Auffassungen wertvolle Informationen liefern, die eine direkte Wirkung auf die heutige Partnerwahl haben.

So seltsam es klingen mag, aber wir haben einen Teil unserer Entscheidungen bereits vor der Geburt getroffen. Mit Hilfe technischer Neuerungen wie der Lichtleitfaseroptik und Ultraschallbildern können Forscher heute das Verhalten von Föten und ihre Reaktion auf verschiedene Reize studieren. Sie stellen fest, daß Föten sehr sensibel sind und auf alles reagieren, was der Mutter geschieht. Die mütterlichen Stimmungen regen die körpereigene Produktion von chemischen Substanzen an, die durch die Plazenta zu dem Kind gelangen. Das heißt, noch vor der Geburt werden Babys auf höchst individuelle Art ganz wesentlich von ihrer unmittelbaren Umgebung beeinflußt.

Nach der Geburt unterscheidet sich die neue Umgebung wesentlich von der alten. Die physischen Begleitumstände mögen von luxuriös und behaglich bis eingeengt und erbärmlich reichen. Das emotionale Umfeld reflektiert, ob das Kind ungeplant und in einer ungesicherten Elternbeziehung angekommen ist, oder ob es von den Eltern ersehnt und tief geliebt wird und in einer gesicherten Elternbeziehung leben kann. Da das Kind an diesem Punkt die physischen und emotionalen Komponenten des Umfeldes als ähnlich empfindet, gehören beide Realitäten zu seiner durchdringenden und umfassenden Lebenserfahrung. Weitere wichtige Faktoren sind das angeborene Temperament des Kindes und die Stimmung, die es in der Familie erzeugt. Denn diese sehr kleine Person entwickelt Einstellungen gegenüber sich selbst und der Behaglichkeit und Sicherheit der Welt. (Natürlich können diese Umfeldfaktoren durch spätere Einflüsse wesentliche Änderungen erfahren. So kann zum Beispiel das ungeplante Kind ein Segen sein und geliebt werden. Das erwartete und gewollte Kind dagegen kann zu nachgiebig oder überfürsorglich behandelt und dadurch zum Problemfall werden.)

Alle diese frühen Lernprozesse sind für die späteren Entscheidungen in Liebesdingen äußerst bedeutsam. Denn die sich entwickelnde Person lernt durch eine Fülle von Kindheitserfahrungen.

Versuchen Sie sich in Anlehnung an die 5. Übung (Erinnern der Kindheit) an Ihre sehr frühe Kindheit zu erinnern. Welche ausgesprochenen und unausgesprochenen Botschaften Ihrer Eltern fallen Ihnen ein? Wenn die Mitteilungen der Eltern negativ waren, kann es für Sie schwer sein, für sich selbst und später für Ihr Kind Liebessituationen in Beziehungen herzustellen – und als Liebe-Lehrende zu fungieren.

Sie werden geneigt sein, negative Situationen aus der Kindheit zu wiederholen. Als Elternteil mag es Ihnen manchmal unmöglich sein, mehr zu geben als Ihnen als Kind gegeben wurde. Auf jeden Fall werden Sie erkennen, daß es Ihren Eltern schwerfiel Sie zu lieben, selbst wenn sie es wollten. Sollte das bei Ihnen also auch so sein, besteht die erste Möglichkeit der Korrektur in der Schaffung eines Problembewußtseins.

Durch Verstehen und Entschlußkraft können Sie Wege der Heilung finden. (Überlegen Sie, wie es für Sie als Elternteil wäre, durch entsprechendes Verhalten Ihr Kind die Liebe zu lehren. Dies ergibt weitere Perspektiven, wie es für Ihre Eltern hätte sein können, Lehrer in Sachen Liebe zu sein.)

Überlegen Sie sich Antworten auf die folgenden Fragen. Das ist eine Möglichkeit, hinter Ihre frühkindliche Programmierung zu kommen.

1. Was weiß ich über die Umstände bei meiner Empfängnis? Waren meine Eltern verheiratet? War ich der Grund für die Heirat? War ich ein »Unfall«? Waren meine Eltern bereit für mich? Hatten sie ungewöhnlich viel Angst vor der Geburt eines Kindes, vor dem Umsorgen eines Kindes oder vor der finanziellen Verantwortung?

2. Geschah meiner Mutter während der Schwangerschaft etwas, das sich auf mich ausgewirkt hat? Gab es Todesfälle in der Familie? Passierten sonstige traumatische Ereignisse oder Umstände? Wie war die Haltung meiner Mutter und meines Vaters gegenüber einem Baby? Wollten Sie unbedingt einen Jungen oder ein Mädchen?

3. Gab es bei meiner Geburt ungewöhnliche Umstände? Schwierigkeiten? War ich eine Frühgeburt?

Sie werden sich jetzt fragen (insbesondere wenn Sie sich an schwierige oder traumatische Ereignisse erinnert haben): »Was kann ich jetzt tun?« Sie können die Vergangenheit zwar nicht ändern, wohl aber den aufgenommenen Botschaften Wertvolles entnehmen: Positives und Negatives. Sie können sich auch wichtiger körperlicher Erfahrungen aus Ihrer Kindheit bewußt werden, ja sogar derer, die Sie vor der Geburt gemacht haben. Durch solche Informationen kann man alle negativen Einstellungen sich selbst gegenüber besser verstehen und sie sich auch verzeihen. Einstellungen, nicht gewollt, lästig oder unnütz zu sein, Einstellungen über Intimität, das andere Geschlecht oder darüber, ein Elternteil zu sein.

Im 3. Kapitel lernten wir Deborah kennen, die schon als kleines Kind erfuhr, daß der Vater bei ihrer Geburt auf den Kliniktreppen aus Enttäuschung darüber weinte, daß sie ein Mädchen war. Natürlich konnte Deborah nichts dafür, als Mädchen geboren worden zu sein, so daß die Haltung Ihres Vaters ihr Selbstwertgefühl in Mitleidenschaft zog und ihre Wut auf Männer schürte, insbesondere da er ihren Bruder offen bevorzugte.

Ein weiteres Beispiel ist Clara. Während die Mutter mit ihr schwanger war, erlitt die Familie eine vernichtende finanzielle Niederlage. Sie verloren ihr Zuhause. Zur selben Zeit starb die beste Freundin der Mutter. Carla kämpfte ein Leben lang mit einer unerklärlichen Panik in gewissen Situationen, die andere ziemlich harmlos fanden. Sie empfand, daß etwas mit ihr nicht stimmte, bis sie herausfand, daß ein Teil ihrer Angst offensichtlich ursprünglich zur Mutter gehörte und vor ihrer Geburt auf sie übertragen wurde. Diese Erkenntnis half ihr, die Ängste weniger ernst zu nehmen.

Carla und Deborah sind Beispiele dafür, wie Menschen sowohl vor als auch nach der Geburt von Erfahrungen und Einstellungen der Eltern oder sonstiger fürsorgender Personen in Mitleidenschaft gezogen wurden. Haben Sie andererseits schon einmal überlegt, welche frühen Botschaften Ihre Eltern von *ihren* Eltern erhalten haben? Außerdem existiert ein Familiensystem nicht im luftleeren Raum. Es stellt eine Einheit in einer Reihe größerer sozialer Zusammenhänge dar (Nachbarn, Gemeinde, Nation, Welt). Auch die soziale Eingebundenheit Ihrer Familie hatte einen Einfluß auf Sie und Auswirkungen auf das, was Sie über die Liebe lernten. Es könnte eine ganze Enzyklopädie über die Auswirkungen kultureller und ethnischer Einflüsse auf uns geschrieben werden. Ein Thema, mit dem wir als Gesellschaft immer mehr ringen; darauf einzugehen würde jedoch den Rahmen dieses Buches sprengen.

## Temperamente

Im Gegensatz zur hartnäckigen Meinung vieler Menschen, Babys kämen als »Tabula rasa« auf die Welt – also im Grunde ohne bestimmte Wesensmerkmale und bereit, sich von allem, was das Umfeld bietet, prägen zu lassen –, wissen wir heute, daß Babys bereits bei der Geburt äußerst individuell geprägt sind.

Die Ergebnisse der dreißigjährigen Forschungsarbeiten von Alexander Thomas und Stella Chess bestätigen beispielsweise grundlegende Temperamentsunterschiede bei Babys. In ihrem Buch *Temperament and Behavior Disorders in Children* beschreiben sie ihre Beobachtungen und dokumentieren das Verhalten von 133 Individuen ab dem dritten Monat bis hin zum frühen Erwachsenenalter. Sie kommen zu dem Schluß, daß Babys mit einzigartigem Temperament oder bestimmten Verhaltensweisen geboren werden und daß ihre höchst individuelle Natur einen deutlichen Einfluß auf die Familie hat.

Dr. Berry Brazelton beschreibt in seinem bekannten Buch *Babys erstes Lebensjahr* das große Spektrum der Temperamente von Babys. Er berücksichtigt auch ruhige, durchschnittliche und aktive Babys und hält jede dieser unterschiedlichen Verhaltensweisen gleichermaßen für gesund und akzeptabel.

Diese Forschungen über Temperamentsunterschiede unterstreichen die Bedeutung der »Abstimmung« zwischen der Persönlichkeit des Elternteils und der des Kindes. Wenn beispielsweise ein ruhiges Baby schnell denkende und sich schnell bewegende, extravertierte Eltern hat, müssen diese spezielle Anpassungen vornehmen. Haben Eltern das Grundtemperament ihres Babys erkannt und akzeptiert, können sie lernen, dem Baby neue Situationen langsamer nahezubringen, da ein solches Kind Vertrautheit braucht, um sich geborgen und wohl zu fühlen.

Ein anderes Beispiel ist das empfindliche, aktive und aufgeschlossene Baby, das in eine ruhige und an Routine gewöhnte Familie kommt. Diese Temperamentsunterschiede erfordern deutlich andere Anpassungen. Kim lebte zum Beispiel in einem zurückgezogenen, intellektuell orientierten Haushalt, in dem das Ausdrücken von Gefühlen herabgesetzt, geistige Leistungen jedoch hochgeschätzt wurden. Kim hatte jedoch von Anfang an ein aktives Temperament, war laut und leicht erregbar. Obwohl ihre intellektuellen Leistungen bedeutend waren, fühlte sie keine Geborgenheit oder Zugehörigkeit in der, wie es ihr schien, erstickten Familienatmosphäre.

Dieser Umstand läßt sich auch in ihrem Liebesleben weiterverfolgen, wo es zu noch größeren Problemen kam. Sie fühlte sich sehr stark zu einem nicht intellektuellen, seine Gefühle frei äußernden Mann hingezogen. Allerdings war sie nicht auf die Wut gefaßt, die mit dieser Gefühlsfreiheit einherging. Die Ehe endete in einer hitzigen Scheidung. Jetzt versucht sie ihre verschiedenen inneren Anteile zu sichten: der sensible und übererregbare, und der Anteil, der sich infolge des früheren häuslichen Umfeldes vor dem eigenen emotionalen Ausdruck und dem anderer Menschen ängstigt.

Das Wissen um die unterschiedlichen Temperamente, mit denen Babys auf die Welt kommen, kann Eltern helfen, sich weniger schuldig zu fühlen und sich erfolgreicher an diese kleinen, neuen Lebewesen anzupassen, die sich der Familie zugesellt haben. Temperamentsunterschiede genauso zu akzeptieren wie unterschiedliche Haar- oder Augenfarbe, können den Eltern und dem Kind helfen, daß diese persönlichen Züge anerkannt und geliebt werden.

Welches Temperament hatten Sie, als Sie zu Ihrer Familie kamen, und was bewirkte dies bei Ihrer Familie? Entsprachen Sie den Erwartungen, oder waren Sie von Anfang an irgendwie fremd? Deckte sich Ihr Temperament mit den Erwartungen Ihrer Eltern von einem Mädchen oder von einem Jungen? Waren Sie unbeschwert oder willensstark? Wie haben sich die Eltern auf Ihr Temperament eingestellt? Können Sie jemanden fragen, wenn Ihnen das alles nicht bekannt ist?

## Schwestern und Brüder

Natürlich sind die Eltern nicht die einzigen Bezugspersonen in der Familie, zu denen Sie wichtige Kontakte haben. Beziehungen zu Brüdern und Schwestern sind ebenfalls von großem Einfluß und haben oft eine tiefgreifende Wirkung auf die spätere Wahl von Liebespartnern. Als Erwachsene mögen wir uns (meist ohne uns dessen bewußt zu sein) nach einer Beziehung sehnen, die der mit einem Geschwister ähnlich ist. Wenn die Beziehung besonders gut erschien, wird sie vielleicht idealisiert, so daß andere Beziehungen enttäuschen. Das heißt, wenn wir uns nach etwas sehnen, das wir von einer Schwester oder einem Bruder nie bekamen, mögen wir an ein Geschwister erinnernde Partner wählen, in der Hoffnung, daß es diesmal anders wird. »Diesmal bekomme ich die Liebe (den Respekt, die Fürsorge oder Aufmerksamkeit), die ich schon immer von meiner Schwester (meinem Bruder) haben wollte.« Oder: »Durch meine/n neue/n Liebste/n werde ich die Möglichkeit haben, die mir in der Kindheit von meinem Bruder (meiner Schwester) beigebrachten Verletzungen zu heilen.« Beispiel:

### Ben

Ben war ein neuer Klient. Ich befragte ihn über seine Herkunftsfamilie. Als er seine Mutter, den abwesenden Vater und die ältere Schwester beschrieb, erkannten wir seine Schwester als die starke, »Verantwortung tragende« Person in der Familie. Da sie älter war, hatte sie die Stellung eines Elternteils inne. Die Mutter war mit Arbeiten und anderen Aktivitäten beschäftigt, so daß sich der kleine Junge seiner Schwester eng anschloß. Sie war tüchtig, aber auch fordernd. Obwohl Ben ihre Anerkennung wollte und brauchte, bekam er sie selten. Er erzählte: »Ich liebe starke, tüchtige Frauen. Nur sie ziehen mich an.« Aber die Romanzen mit diesem Frauentyp liefen nicht gut.

Als Ben kürzlich seine Liebespartnerin Kate schilderte, benutzte er viele Worte und Wendungen, mit denen er seine Schwester beschrieb. Probleme hatte es schon fast von Anfang an gegeben. Seine gesellschaftlichen, aber auch privaten Leistungen entsprachen nicht ihren Erwartungen. Das war für ihn etwas schmerzlich Vertrautes, aber auch Herausforderndes, was seine Erregung und seinen Wunsch, die Beziehung zum Funktionieren zu bringen, anheizte.

Die Situation war nicht einfach, aber die Anziehungskraft intensiv, da sie einen gefühlsmäßig geprägten Aspekt aus Bens Kindheit wieder lebendig werden ließ. Kates Kindheitsverletzungen hinterließen bei ihr jedoch wenig Bereitschaft, die gemeinsamen Schwierigkeiten zu lösen. Schließlich trennten sie sich.

Ben war traurig und hatte eine schwere Zeit, seine Sehnsucht loszulassen, obwohl er erkannt hatte, daß er sein Glück mit Kate nicht finden konnte. Aber er hatte in dem persönlichen Dilemma von seiner Sehnsucht erfahren, jemanden wie seine Schwester zu finden, die ihn akzeptierte. Er bemerkte, daß er für eine erfolgreiche Beziehung eine Frau wählen mußte, die die Fähigkeit, mit ihm zu wachsen und zu heilen, teilte.

## Vera

Veras Eltern waren realistisch und boten ständig liebevolle Unterstützung. Sie konnte nur Positives über sie sagen. Sie selbst, eine strahlende, liebevolle und attraktive Frau, machte sich Gedanken über die Gründe für ihre beiden Scheidungen und die Auflösung von zwei weiteren bedeutsamen Beziehungen. Bei unserem Gespräch stellt sich heraus, daß ihr älterer, von ihr vergötterter Bruder sie nie akzeptiert hatte, eifersüchtig und nachtragend war. Als Kind hatte sie auf unterschiedliche Weise versucht, seine Anerkennung und Liebe zu erringen; doch vergebens. Diese Beziehung zu ihrem Bruder war die einzige für sie nicht erfolgreiche Angelegenheit in ihrer Kindheit.

Langsam entdeckte sie, daß in ihren Männerbeziehungen viele Gefühle auftauchten, die sie für ihren Bruder empfunden hatte. Als Erwachsene fand sie immer wieder Männer, mit denen sie dieses alte Szenario wiederholen konnte. Sie wählte Männer, die sie nicht akzeptierten, was ihr die Herausforderung bot, sie dazu zu bringen, sie so zu lieben, wie sie immer von ihrem Bruder geliebt werden wollte. Diese Situation enthielt die reizvolle Herausforderung, »es diesmal richtig zu machen«, und gleichzeitig die Gefahr des Mißlingens. Mit dem Wissen um dieses Wiederholungsmuster konnte Kate beginnen, Beziehungen zu leben, die eine größere Chance für Dauerhaftigkeit boten.

## Geschwisterreihe

Auch der Umstand, das älteste, mittlere, jüngste oder ein Einzelkind gewesen zu sein, kann in äußerst wirksamer Weise die Art beeinflussen, wie man sich als Erwachsene auf andere Menschen bezieht und wie erfolgversprechend die Wahl der Liebespartner ausfällt. Überlegen Sie, wie anders Ihr Verhalten wäre, wenn Sie und Ihre Geschwister in einer anderen Reihenfolge geboren wären.

Als die älteste von drei Geschwistern lernte ich zum Beispiel, die verantwortungsvoll-fürsorgliche Rolle zu übernehmen. Wie anders wäre ich wohl als Jüngste geworden, wenn andere auf mich aufgepaßt hätten? Auch das Geschlecht der Geschwister ist von Bedeutung. Die junge Schwester von drei älteren Brüdern wächst Männlichem gegenüber mit ganz anderen Verhaltensweisen heran als ein Mädchen, das als die große Schwester in einer Familie von nur Mädchen aufwächst. Alle diese Einflußfaktoren beim Heranwachsen haben natürlich auch eine bedeutsame Auswirkung auf die Wahl unserer Liebespartner. Typischerweise ist das älteste Kind verantwortlich und vollbringt etwas, das mittlere dagegen ist entweder friedenstiftend oder rebellisch, und das jüngste erwartet, daß man sich um es kümmert, oder es geht auf Distanz, um nicht verschlungen zu werden. Es tragen also nicht nur Temperament, Geschlecht, Anzahl der Geschwister und die Art, wie man umsorgt wird, dazu bei, wer wir sind, sondern auch die Position in der Geschwisterreihe.

So hatte zum Beispiel die Familie Mertens drei Söhne im Abstand von jeweils zwei Jahren. Der Vater arbeitete sehr viel und stand treu zu seiner Familie. Aber er wußte nicht, wie er seinen Kindern emotional nahe sein konnte. Seine Frau machte den Mangel wett, indem sie herzlich war und an den Aktivitäten ihrer Söhne Anteil nahm.

Heiko, der älteste Sohn, folgte dem Beispiel seines Vaters. Er war ein »guter Junge«, äußerst erfolgreich, verantwortlich – aber gefühlsmäßig isoliert wie sein Vater. Frank, der mittlere Sohn, war ein Friedenstifter und reagierte sensibel auf die Bedürfnisse der Mutter. Er konnte gut zuhören und genoß ihre Aufmerksamkeit und Zuneigung. Oft kümmerte er sich um die Gefühle seiner Mutter, anstatt das zu tun, was er wirklich wollte. Er war das »vergötterte Kind« und sonnte sich in dieser Position, ärgerte sich aber gleichzeitig über das, was er dafür opferte – seine Unabhängigkeit.

Der jüngste Sohn, Ralf, bezog sich auf seine Mutter, indem er sich ihr widersetzte und so mittels Distanz ihre Aufmerksamkeit erhielt. Als Jüngster wehrte er sich gegen unerwünschte Einmischung und Kontrolle, indem er seinen Weg einforderte und etwas unbeugsam die eigene Persönlichkeit entwickelte.

Je nach Position in der Familie trug jeder Sohn diese Familienthematik in recht unterschiedlicher Weise weiter. Mit der Mutter als Familienmittelpunkt hatte jeder von ihnen eine typische, von der Geschwisterreihe abhängige Beziehung zu ihr. Der Vater war machtvolles Sinnbild des Arbeitens und Schweigens. Alle Jungen wurden in der Art, wie sie Nähe vermieden, eine Version des Vaters. Und jeder reagierte auf die Mutter durch Entwicklung seiner eigenen Art von Freiheit versus Verbindung. Später hatte jeder in einer ehelichen Beziehung die Rolle inne, die mit der jeweiligen Position in der Geschwisterreihe übereinstimmte.

Nach Dr. Kevin Lemen, Autor von *The Birth Order Book*, wirken sich in Beziehungen die Positionen innerhalb der Geschwisterreihe dann am problematischsten aus, wenn beide Personen in ihrer Herkunftsfamilie das älteste Kind oder ein Einzelkind waren. Beide haben die Erwartung, verantwortlich oder »beauftragt« zu sein und sind daran gewöhnt, sich in Machtkämpfe darüber zu verstricken, wer recht hat. Auch zwei Menschen, die die jüngsten Kinder waren, können in ihrer Ehe Schwierigkeiten haben, da beide erwarten, daß man sich um sie kümmert. Mittlere Kinder waren dagegen eher sensibilisiert für das, was um sie herum vorging. Sie mußten wahrscheinlich besonders gut oder besonders schlecht sein, um Aufmerksamkeit zu bekommen, sie mußten Situationen schlichten oder jemanden in der Familie schützen. In ihren Beziehungen als Erwachsene neigen sie alle dazu, flexibel zu sein, können aber auch übertrieben zuvorkommend oder feindselig werden.

Das sind natürlich Verallgemeinerungen, die nicht in jedem Fall zutreffen, da Dutzende anderer wichtiger Faktoren beim Zusammenpassen von Paaren eine Rolle spielen. Dennoch zeigt diese sehr kurze Erläuterung der Geschwisterreihe das Wesentliche des Konzepts. (Dr. Lemen hat in seinem Buch *Living in a Step Family without Getting Stepped On* über die Veränderungen in der Geschwisterreihenfolge bei Stieffamilien geschrieben.)

Andere Arten von Familienerfahrungen mit Geschwistern und auch Eltern können uns veranlassen, früh im Leben Entscheidungen zu treffen, die wir als Erwachsene längst vergessen haben. Beispielsweise können Klischees wie »alle Männer sind ...« oder »alle Frauen sind ...« genau das Szenario schaffen, das wir fürchten.

Wenn also eine Frau aufgrund ihrer Erfahrungen mit einem tobenden Vater und/oder Bruder die Ansicht vertritt, alle Männer seien beleidigend, kann sie sich zu verärgerten und frustrierten Männern hingezogen fühlen. Wenn sie einen Mann trifft, dessen Schwierigkeiten ihr vertraut sind, wird sie sich sagen: »Er wird einfach mißverstanden. Im Kern ist er ein süßer Kerl. Ich werde ihn ändern.« Dann aber ist sie »überrascht«, wenn er sich als beleidigend herausstellt, obwohl diese Eigenschaft gerade die ist, die sie (wenn auch unbewußt) gesucht und auch gefunden hat! Sie mag durch ein widersprüchliches oder verärgertes Verhalten ihm gegenüber seine Beleidigungen unbewußt noch steigern.

Eltern legen Ton und Grenzen in der Familie fest, aber auch Geschwister können eindringliche Lehrer in bezug darauf sein, was Liebe ist oder nicht. Es ist wichtig, sich der Auswirkungen dieser Beziehungen bewußt zu werden. Denn wenn Sie gewählt haben, was nicht funktioniert, kann Ihnen die neue Bewußtheit zu einem anderen Verhalten verhelfen.

# 7. Übung: Geschwister und die Herkunftsfamilie

*Konzentrieren Sie sich auf Ihr Leben mit Ihren Geschwistern, als Sie Kind waren. Wenn Sie jemanden zum Vorlesen haben, ist das für Sie effektiver als das Selbstlesen. Auch ein Kassettenrekorder ist hilfreich. In jedem Fall entspannen Sie sich und lassen die Bilder, Gefühle und Stimmen an sich vorüberziehen, während Sie in Ihr eigenes Kindsein eintauchen.*

*Nehmen Sie das Alter, das Ihnen als erstes einfällt oder wandern Sie ein wenig in den Kinderjahren herum. Gab es für Sie als Einzelkind Kinder in der Nähe, die wie Geschwister für sie waren? Wenn ja, denken Sie in der Übung daran, obwohl die Situation eine ganz andere ist, da Sie nicht dieselben Eltern hatten.*

*Schließen Sie jetzt die Augen und beginnen Sie:*

*Hören dir die Brüder und/oder Schwestern zu ...? Wem hörst du zu...? Konkurrierst du mit einem der Geschwister ...? Auf wen bist du eifersüchtig ...? Ist jemand auf dich eifersüchtig ...? Wen bewunderst oder respektierst du ...? Wessen Anerkennung möchtest du ...? Will jemand deine Anerkennung ...?*

*Denke an schwierige Zeiten für die Kinder in deiner Familie ... Habt ihr, du und deine Schwestern oder Brüder, über eure nicht-familiären Probleme gesprochen ...? Über Schwierigkeiten mit den Eltern ...?*

*Denk an deine glücklichsten Zeiten in der Familie ... Gehörten zu diesen Zeiten auch deine Geschwister ...?*

*Kümmerten sich die Kinder in deiner Familie um sich selbst, oder gab es Gruppierungen ...? Waren manchmal »die Kinder gegen die Eltern« ...? Wer schützte oder umsorgte wen ...? Wer war ›der Boss‹ ...? Welche Wertvorstellungen oder Zielsetzungen waren in deiner Familie die wichtigsten ...? Teiltet ihr diese, du und deine Geschwister ...? Hattet ihr etwas zu verbergen ...? Wurde von dir und/oder deinen Geschwistern erwartet, in irgend einer Weise etwas zur Familie beizutragen ...? Durch Hausarbeit ...? Finanziell ...? Waren diese Verpflichtungen gerecht aufgeteilt ...?*

*Wenn du soweit bist, laß diese Erinnerungen wieder los und kehr zurück in das Zimmer, in dem du dich befindest. Öffne die Augen.*

*Nachdem Sie jetzt die Geschwister ins Bild gebracht haben, sind Sie – im Rückblick auf die Übung – darauf vorbereitet, über die gesamte Familie nachzudenken, aber auch über Ihre Beziehungen als erwachsene Person. Tun Sie das auf möglichst angenehme und wirkungsvolle Weise. Vielleicht wollen Sie Ihre Reaktionen aufschreiben. Wenn Sie lieber mit jemandem sprechen, ist das ebenfalls hilfreich, oder gehen Sie die Fragen einfach für sich durch.*

KINDHEITS»DRAMA«

*1. Wenn Ihr Familienleben ein Bühnenstück wäre – eine Seifenoper, Komödie oder Tragödie –, welche Rolle würden Sie spielen?*

*2. Nennen Sie die anderen Darsteller in Ihrem Familien«drama«, und erzählen Sie, welche Rollen diese spielen.*

*3. Um welche Geschichte handelte es sich in diesem Familiendrama? Was wollten Sie in Ordnung bringen, oder was versuchten Sie immer in Ordnung zu bringen?*

ERWACHSENEN»DRAMA«

*1. Wie haben Sie Ihr Kindheits«drama« in Ihren Liebesbeziehungen als Erwachsene wiederholt?*

*2. Gehen Sie zurück zu Ihrer Beziehungsgeschichte (2. Übung). Betrachten Sie die Liste der wichtigsten Romanzen. Entsprach Ihre Rolle in diesen Beziehungen der Kindheitsrolle in Ihrer Herkunftsfamilie oder nicht? Wie fühlte sich diese Rolle an?*

*3. Gab es Liebesbeziehungen, in denen Sie eine andere Rolle spielten? Wie fühlte sich das für Sie an?*

Wir haben den machtvollen Einfluß sehr früher (und sogar vorgeburtlicher) Erfahrungen ebenso untersucht wie die Wirkung unserer Geschwister auf das, was wir heute sind. Diese »Lektionen des Lebens und der Liebe« haben einen ungeheuer starken Einfluß auf die Wahl unserer Liebespartner. Sie mögen unsere Erwartungen und damit unsere Möglichkeiten für Glück und Zufriedenheit eingeschränkt haben. Wenn die Beziehung zu den Geschwistern Sehnsüchte nach einem anderen Verlauf wachgerufen hat, dann können Sie das im Idealfall mit dem richtigen Partner »auf die Reihe bringen«.

Sie können sich dann gegenseitig Erfahrungen anbieten, die sich besser als die vergangenen anfühlen. Damit machen Sie einander eines der größten Geschenke, da solche Erfahrungen alte Wunden, die Sie schon so lange mit sich herumtragen, heilen können.

Im nächsten Kapitel betrachten wir andere Arten von Verletzungen, die wir in Beziehungen unbewußt zu heilen versuchen: Verluste durch Tod oder Scheidung.

# 6 Tod und Scheidung
# Ihre Auswirkung auf die Liebe

Der Verlust eines Familienmitglieds durch Scheidung oder Tod ist vermutlich das einschneidendste Ereignis in einer Familie. Es bedeutet unvermeidlich eine Veränderung der Verhaltensmuster innerhalb des Familiensystems. Verluste (Job, Heim, Geld usw.) können in vielen Formen auftreten, Scheidung und Tod verändern aber die Familiengrundstruktur und fordern die Entwicklung neuer Strategien, damit sich ein neues Gleichgewicht einstellen kann. Verluste in einer solchen Größenordnung können sich im Lauf der Zeit positiv oder negativ auswirken, je nach Stärke, Spannkraft und Unterstützung durch das Familiensystem und seiner Fähigkeit, sich Veränderungen anzupassen.

Am Beispiel eines Mobiles, dessen Einzelteile fein ausbalanciert sind und eine zarte Struktur bilden, läßt sich ermessen, wie das Fehlen eines dieser Teile eine neue Ausbalancierung notwendig macht (sonst hängt es schief). Auf unser Thema übertragen heißt das, daß ein großer Familienverlust eines neues Gleichgewicht zwischen den Familienmitgliedern notwendig macht, was sich durch eine entsprechende Anpassung einstellt.

Sehen wir uns die Auswirkung eines solchen Verlustes bei Ihnen (in der Kindheit oder Erwachsenenzeit) und bei einem Kind an (wenn Sie ein Elternteil sind oder einem Kind nahestehen, das einen bedeutsamen Verlust erlitten hat).

## Trauer

Das häufigste Problem beim Verlust eines Familienmitglieds (Scheidung oder Tod) ist der unvollständige Ausdruck von Trauer, was viele Schwierigkeiten im Gefolge und einen wesentlichen Einfluß auf die spätere Wahl von Liebespartner/innen haben kann. Die Art, wie Trauer erlebt wird, wirkt sich stark auf die persönliche Entwicklung und auf die Fähigkeit aus, Liebe zu empfangen und zu geben.

## Scheidung

Früher arbeitete ich einige Jahre als Trennungsberaterin (Mediation). Mein Co-Therapeut Thomas Burns und ich behandelten in Scheidung lebende Paare in Paar- und in Einzelsitzungen. Burns arbeitete mit den Ehemännen und ich mit den Ehefrauen. Manchmal waren auch die Kinder dabei, oder sie kamen allein. Wir erkannten, wie wichtig es ist, jedem einzelnen Familienmitglied dabei zu helfen, den Trennungsschmerz und den Verlust des Traums von Liebe und Familie voll auszudrücken. Wir erkannten ebenfalls, wie lebensnotwendig es ist, jede Phase des Trauerprozesses voll zu durchleben (siehe unten) und durch die Phasen von Leugnen, Wut und Verhandeln hindurchzugehen und zu einem emotional empfindsamen Ausdruck von Trauer zu kommen. Wenn die Partner ihre Gefühle des Schmerzes und der Enttäuschung aufgedeckt hatten, konnten sie ihre Wut, die ein Schutz vor Verlustschmerz ist, heilen.

## Tod

Bei der Trauer nach einem Todesfall sind die Umstände zwar andere, der Vorgang aber ist ähnlich. Trauer wird erwartet, aber Wut kann unerwartet auftauchen. Der Verlust kann weitreichende Folgen haben, sogar künftige Generationen tangieren und fast mit Sicherheit spätere Entscheidungen bei der Wahl von Liebespartnern beeinflussen.

Diese beiden Ursachen für Trauer und die sich für jedes einzelne Familienmitglied daraus ergebenden Probleme sollen nun erörtert werden. Dazu müssen wir uns jedoch zunächst mit den verschiedenen Phasen der Trauer beschäftigen.

## Der Prozeß des Trauerns

Das Trauern über einen Verlust (jedweder Art) ist ein normaler Vorgang, der verschiedene Phasen durchläuft. Elisabeth Kübler-Ross definiert in ihrem Buch *Interviews mit Sterbenden* diese Phasen wie folgt:

1. *Nichtwahrhabenwollen* (»Ich doch nicht, das ist ja gar nicht möglich!«)

2. *Zorn* (»Ich bin auf mich selbst wütend [oder auf Gott, auf die Person, die gestorben ist oder stirbt oder weggeht]« oder »Ich bin auf die Veränderung wütend.«)

3. *Verhandeln* oder *»wenn nur«* (»Wenn du nicht stirbst [weggehst], werde ich alles tun« oder »Wenn ich das nur nicht getan hätte ...«)

4. *Depression* (»Die Veränderung ist unabänderlich, und ich bin sehr traurig darüber.«)

5. *Zustimmung* (»Jetzt, da ich die Veränderung als gegeben akzeptiere und meine Gefühle voll erfahren habe, bin ich bereit, mein Leben weiterzuführen und das Notwendige zu tun.«)

Solche Phasen werden bei gewöhnlichen Mißgeschicken in vereinfachter Form erlebt; zum Beispiel bei einer Delle am Auto:

Zuerst *Nichtwahrhabenwollen*: »Was? Das ist mir doch nicht passiert!« Dann *Zorn*: »Verdammt, so ein Idiot, den Wagen dort zu parken!« Dann *»Wenn nur«*-Gedanken: »Wenn ich ihn nur gesehen hätte, dann wäre ich nicht dagegen gestoßen!« Schließlich *Depression*: »Ich bin so unglücklich, daß mein Wagen eine Delle hat.« Und dann *Zustimmung*: »Ich rufe besser die Versicherung an, damit sie es richten.« Bei unbedeutenderen Vorfällen mag dieser Vorgang wenige Minuten in Anspruch nehmen, bei einem großen Verlust dagegen können es Jahre sein.

Bei einem gesunden Prozeß des Trauerns müssen alle diese Phasen durchlaufen werden. (Manchmal werden ein oder zwei Phasen vor dem eigentlichen Tod oder der endgültigen Scheidung erlebt, insbesondere wenn das Ereignis der Höhepunkt von etwas lange Erwartetem ist.) Wenn Sie sich Ihre Gefühle zugestehen und sie frei zum Ausdruck bringen, dann ist eine vollständige Genesung möglich. Sie können aber auch aufgrund gewisser Umstände in einer Phase der Trauer »erstarren« – wenn Situationen von Menschen um Sie herum oder Ihre eigene mangelnde Bereitschaft, den Schmerz zu durchleben, Ihre Tränen unterdrücken oder es Ihnen unmöglich machen, darüber zu sprechen oder Gefühle zu zeigen. Diese Erstarrung kann weitreichende Wirkungen haben, und zwar nicht nur, weil der Prozeß des Trauerns unvollständig ist, sondern auch, weil die Unterdrückung von Traurigkeit und Schmerz Gefühle wie Liebe und Freude unterdrückt.

Der Verlust einer sehr wichtigen Person – eines Elternteils oder Geschwisters zum Beispiel – kann für ein kleines Kind deshalb besonders schwierig werden, weil es ihn meist nicht versteht. Das Kind mag bei dem Versuch, ihn zu begreifen, falsche Schlußfolgerungen ziehen. Kleine Kinder fühlen sich meist als Mittelpunkt ihres Universums und denken: »Es ist meine Schuld, daß Mammi (oder Vati) weggegangen ist.« Für Kinder kann sich der Prozeß des Trauerns über einen längeren Zeitraum hinziehen. Wenn Pflegepersonen für das Tempo des Kindes nicht sensibilisiert sind, und Äußerungen der Trauer unterdrücken statt zu unterstützen, wächst das Kind mit nicht geäußerten Gefühlen auf, was die späteren Liebesbeziehungen beeinflußt.

Das Kind muß die Geschichte immer wieder erzählen und über die verlorene Person immer wieder sprechen können. Hilfreich ist hier oft, das Erlebnis durch Malen von Bildern aufzuarbeiten. Überlegen Sie, wie die Erwachsenen um Sie herum damit umgingen, als Sie als Kind einen großen Verlust erlitten. Half Ihnen jemand dabei, Nichtwahrhabenwollen, Zorn, Verhandeln oder Traurigkeit auszudrücken?

Haben Sie als erwachsene Person vollständige Trauerarbeit bei großen Verlusten geleistet? Wichtig ist, über den Verlust zu sprechen, zu weinen und die verschiedenen Phasen der aufsteigenden Trauer zu fühlen. Wenn Freunde und Familie es leid sind, alles wieder anhören zu müssen, dann hilft es Ihnen, alles aufzuschreiben oder (als physischer Ausdruck) auf ein Kissen einzuschlagen oder alles an einem ungestörten Platz herauszuschreien. Es kann auch eine wundervolle Erlösung sein, beim Weinen gehalten zu werden, denn Berührung ist äußerst wichtig.

Desorientierung infolge einer Identitätsverschiebung durch den Verlust einer bedeutenden Person kann Ihnen wichtige Anpassungen abverlangen. Eine Freundin, die in Scheidung lebte, vertraute mir an: »Es hilft mir, mit meinen Freunden zu sprechen, aber es kann auch unerträglich schwer sein. Jedesmal, wenn ich es Leuten erzähle, die nichts davon wußten, fühle ich meine Identität wie ausgelöscht, und ein neues ›Ich‹, das den Platz einnehmen könnte, ist noch nicht da.«

Wenn man sich mitten im Leid befindet, ist es schwer, ein Ende abzusehen. Ich fragte eine Klientin, die um ihren Mann trauerte: »Sehen Sie denn nicht wenigstens einen kleinen Lichtschimmer am Ende des Tunnels?« Sie sagte: »Eigentlich nicht. Aber ich bin froh, daß Sie mir sagen, daß er da ist.« Später erzählte sie mir, daß sie oft an meine

Worte denken mußte. Nach Monaten erzählte sie: »Es ist so wundervoll, wenn das Licht auftaucht. Es kam nicht plötzlich, sondern zuerst wie ein kurzes Aufblitzen. Allmählich nahm die Helligkeit zu, und jetzt ist es nur noch gelegentlich dunkel.«

Verluste (durch Scheidung oder Tod) führen zum selben Prozeß des Trauerns, aber sie werden unterschiedlich erfahren, wie auch das Bedürfnis nach mitmenschlicher Unterstützung verschieden ist. Wir wollen uns daher diese beiden wichtigsten Verlustarten genauer ansehen.

## Die eigene Scheidung

Wichtig ist die Bewußtwerdung und das Verstehen der unbewußten Gründe für die Wahl der Partnerin oder des Partners, von der/dem man sich jetzt trennt. Denn das erlaubt einem, dem Ex-Partner und sich selbst zu verzeihen. Die Trauer um den Verlust des gemeinsamen Traums kann ein wichtiger Teil der Heilung sein.

Ich erinnere mich an meine eigenen Gefühle, die ich nach dreiundzwanzigjähriger Ehe bei der Scheidung durchmachte. Am schwersten war nach dieser folgenschweren Entscheidung für mich die bange Frage, wie mein künftiges Leben werden würde. Die Trauer galt mehr dem Verlust dieser Identität als meinem Ehegatten. Ich wußte, daß ich die Beziehung beenden wollte, aber die Ehe zu beenden war eine große Veränderung!

Der Schritt von der »verheirateten Person« zur »geschiedenen Person« kann gewaltig sein. Es ist, als verschwände die »Karte«, nach der man durchs Leben ging, als müsse man wieder von vorn anfangen, eine neue Lebensform finden. Davon kann das eigene Eingebundensein in grundlegende Aspekte des Lebens zutiefst betroffen sein: Wohnung, Essen, die Rolle als Eltern, Freundschaften, Geld, Sexualität bis hin zur Vorstellung über das eigene Selbst. Bei der Überwindung dieser schwierigen Situation ist gesellschaftlicher Rückhalt sicherlich nicht so einfach zu finden (wenn auch mehr vorhanden als zu Zeiten unserer Eltern und Großeltern). Eine Klientin meinte nach ihrer Scheidung in bezug auf ihre durch Zweisamkeit und Ehen geprägte Vorortgemeinde: »Das Härteste für mich und meine Kinder war, daß wir in der Öffentlichkeit ein anderes Bild abgaben. In gewisser Weise hatten wir alle die Vorstellung übernommen, daß geschiedene Familien ›schlimm beieinander‹ sind, und wir mußten da mit herzlich wenig gesellschaftlicher Unterstützung durch.«

Das »Ritual« in Gerichtssälen hat nichts mit einem Begräbnis zu tun, wo man von Freunden unterstützt wird und von der Familie Trost erhält. Wenn die Paare nicht zum Gericht gehen, gibt es aber überhaupt kein Ritual, das diesen wichtigen Lebenseinschnitt markiert.

So schwierig die Beendigung einer Ehe auch sein mag, nach der Trauerphase kann sie Gelegenheit für einen belebenden Neustart und enormes Wachstum bieten. Ein Jahr nach ihrer Scheidung stellte eine Frau fest: »Heute erkenne ich, daß eine Scheidung, auch wenn sie zerstörerisch und traurig und sehr hart ist, doch auch Türen zum Leben und zur Freude aufstoßen kann, wie ich es mir nie hätte träumen lassen.«

## Scheidung der Eltern

Scheidung für Erwachsene ist eine Sache, für Kinder eine andere. Wenn sich Ihre Eltern scheiden ließen, als Sie noch klein waren, hatte diese Erfahrung eine tiefgreifende Wirkung darauf, in welche Beziehung Sie sich zum anderen Geschlecht setzen. Gleichgültig wie gut die Angelegenheit gehandhabt wird, Kinder bevorzugen fast immer die Anwesenheit von zwei liebenden (und vertrauten) Elternteilen. Ist die Ehe nicht in Ordnung, wird ihre Beendigung jedoch im besten Interesse der Kinder sein. Viele Erwachsene, deren Eltern sich scheiden ließen, haben mir erzählt, was für eine Erleichterung es war, als die Spannungen vorbei waren und die Ehe der Eltern endlich geschieden war.

Selbst wenn eine Scheidung Spannungen lindert, stellt sie doch einen riesigen Einschnitt dar, so daß Trauerarbeit notwendig ist. Oft fühlen sich Kinder zu verunsichert, um ihre Gefühle in der Zeit während einer Scheidung auszudrücken. Sie sind sich bewußt, wie schwach ihre Eltern sind und wollen die Probleme nicht noch vergrößern.

Als Trennungsberaterin sprach ich mit vielen Kindern über die Scheidung ihrer Eltern. Sechs Monate nachdem sich die Mutter und der Vater eines Teenagers getrennt hatten, fragte ich ihn, wie er sich zur Zeit der Scheidung gefühlt habe und wie er sich jetzt fühlte, als wir darüber sprachen:

»Ich mochte es damals nicht und heute noch weniger. Es war nicht so schlimm, solange ich hoffte, sie kämen wieder zusammen, aber als ich herausfand, daß sie sich scheiden lassen wollten, war ich total wütend. Wenn ich es ihnen nicht ausgeredet hätte, wären sie sogar zu zwei verschiedenen Rechtsanwälten gegangen und hätten ein totales Chaos angerichtet. Ich werde mit anderen Vorsätzen heiraten. Meine Eltern sind ein Beispiel, wie man es nicht macht. In meiner Ehe werde ich glücklich sein, und sie wird halten.«

Ganz offensichtlich war dieser junge Mann wütend, aber er fühlte auch Verantwortung für seine Eltern. Sein zwölf Jahre alter, jüngerer Brüder war anderer Meinung: »Es ist für meine Eltern besser. Offensichtlich sind sie damit glücklicher, auch wenn ich unglücklich darüber bin. Ich denke viel darüber nach, aber es macht mir nicht mehr so viel aus wie früher.«

Falls sich Ihre Eltern scheiden ließen: An welche Gefühle erinnern Sie sich? Ist Ihnen bewußt, wie die an dieses Ereignis gekoppelten Gefühle auch Ihre spätere Partnerwahl beeinflußt haben? Trafen Sie Entscheidungen darüber, wie Sie sich Partnerinnen oder Partner vorstellen, oder welche Person Ihnen für eine Heirat sicher erscheint?

Jims Eltern ließen sich scheiden, als er Teenager war. Sein Vater stellte sich eine altmodische Frau vor, deren Interesse nur ihm und den Kindern galt. Jims Mutter wollte Kinder und ein Heim, aber als die Kinder älter wurden, nahm sie ihre Ausbildung wieder auf und entwickelte Interesse an Gemeindeangelegenheiten, die sie mehrere Nächte pro Woche von zu Hause fernhielten. Ihr Ehemann fühlte sich im Stich gelassen und beantragte die Scheidung.

Jim war aufgeschreckt über den Zusammenbruch der von ihm idealisierten Familie, spürte aber, daß er nicht offen über den Verlust trauern konnte. Er mußte für seine Mutter stark sein, damit sie diese schwierige Zeit durchstand. Er war ein Fußballspieler, und für ihn galt: »Fußballspieler weinen nicht.« Gelegentlich besuchte er seinen Vater und dessen neue Partnerin, fühlte sich jedoch seltsam dabei. So konnte er also keinem Elternteil unbeschwert seine Gefühle über die Scheidung anvertrauen, seinen Freunden aber auch nicht. Er behielt die meisten Gefühle für sich. Jahre später, als er schon über zwanzig war, verliebte er sich in Shirley. Sie war auf Heim und Familie fixiert – genau wie Jim es wollte. Er suchte eine Frau, deren Interessen ausschließlich seinem Zuhause galten. Keine Scheidungen mehr für ihn.

Nach einigen Jahren, er hatte mittlerweile zwei Kinder, entdeckte Jim jedoch, daß die Wahl einer Partnerin mit eingeschränkten Interessen auch ihn einschränkte. Es wurde ihm klar, daß er unabsichtlich eine Falle gestellt hatte, die der ähnlich war, in der seine Mutter lebte. Er spürte, daß er seine eigenen Interessen außerhalb des Hauses nicht ohne die Mißbilligung seiner Frau ausleben konnte. So sehr er eine Scheidung zu vermeiden versuchte, manchmal dachte er doch daran.

Jim, der nicht in der Lage gewesen war, die Scheidung seiner Eltern angemessen zu betrauern, wollte es besser als sie machen. Aber ohne die Bewußtwerdung und Versöhnung durch eine voll durchlebte Trauer wiederholte er nun die Situation seiner Eltern. Interessanterweise traf Jim seine Entscheidung bezüglich Heirat auf der Basis dessen, was auch sein Vater gewollt hatte. Im späteren Verlauf der Ehe fand er sich aber eher so eingeengt wie seine Mutter. Mehr Wissenswertes über die Wirkung von Scheidungen auf Kinder findet sich in dem Buch *Gewinner und Verlierer* von Judith Wallerstein und Sandra Blakeslee. Die Autorinnen berichten darin über Langzeitstudien an Kindern aus Scheidungsfamilien. Eine der schwierigsten Situationen für solche Kinder ist demnach, wenn die Mutter die Kinder mit wenig finanzieller und/oder emotionaler Unterstützung von seiten des Vaters aufziehen muß. Selbst wenn sie es schafft, die Kinder vor seiner Vernachlässigung zu »schützen«, wird das Urteil der Kinder (Mädchen wie Jungen) über Männer und sich selbst unweigerlich beeinflußt. Und diese Vorstellung wirkt sich dann später auf die Wahl der Liebespartner/innen aus.

Für Mädchen mag der Vater eine romantisierte Figur wie der Märchenprinz sein, der das Leben wundervoll machen könnte. Oder sie kommen zu dem Schluß, daß Männern nicht zu trauen ist und finden dann folglich einen Mann, dem nicht zu trauen ist.

Für Jungen ist die tiefste Wunde die Abwesenheit des Vaters als Rollenmodell und Gefährte. Nach Wallerstein/Blakeslee sind die am meisten geschädigten Kinder sieben- bis elfjährige Jungen, die die Verbindung zu ihren Vätern verloren hatten. Manchmal wurden sie zu beschützenden »Ersatz-Ehemännern«, eine ihrer Entwicklung unangemessene Rolle, oder sie rebellierten oder verweigerten sich, ohne Verbündete in der Familie.

Die Forschung an Scheidungskindern weist deutlich auf die Bedeutung einer kontinuierlichen elterlichen Fürsorge von seiten des Vaters und der Mutter hin. Durch die Dokumentierung der Scheidungskinderproblematik wird jedoch auf eine viel bedeutsamere Thematik hingewiesen: nämlich die Wichtigkeit der richtigen Wahl von Gefährt/innen und die Erhaltung ausgeglichener Beziehungen. Gute Elternschaft ist grundlegend für jede Kultur, das heißt, die richtige Partnerwahl und eine erfolgreiche elterliche Partnerschaft ist nicht nur für das persönliche Glück von Bedeutung, sondern für jeden von uns als Teil der Gesellschaft. Probleme wie Verbrechen, Banden, Drogen, Gewalt, aber auch die subtileren Formen des Unglücklichseins beginnen – abgesehen von einer Vielzahl gesellschaftlicher Einflußfaktoren – zu Hause. Auch wenn in gewissen Fällen die Scheidung oft die beste Lösung ist, wieviel besser wäre es doch, könnten die Eltern gut miteinander auskommen.

## Stieffamilien

Heute leben Tausende und aber Tausende von Erwachsenen und Kindern in Stieffamilien. Bei der zweiten Ehe phantasieren viele Erwachsene von der neuen Kernfamilie, die ihre Probleme lösen und sie für die schwierige, einsame Zeit als Alleinerziehende entschädigen wird. Kinderlose Erwachsene gehen in diese Ehen mit den Phantasien von der »fertigen« Familie und von sich selbst als perfektem Elternteil. Solche Vorstellungen bringen den Paaren oft eine schmerzliche Desillusionierung, wenn sie entdecken, daß sie in Wirklichkeit statt einer Familie eher zwei unter demselben Dach lebende Gruppierungen sind. Bald bilden sich »Innenseiter« und »Außenseiter« heraus, da die Eltern zwischen der Treue zu ihren Kindern und dem Bund mit dem neuen Gefährten hin- und hergerissen sind. Die Kinder geraten durch die Treuegefühle zu den biologischen Eltern im Beisein der neuen Person in Streß. Das Paar muß dann oft, wenn es sich entwickeln und die Hauptverbindung in der Familie darstellen will, verschiedene Phasen durchlaufen, um diese Aufgaben zu erfüllen. Das Buch *Becoming a Stepfamily* von Patricia Papernow ist eine ausgezeichnete Hilfe für Familien, die durch solche Phasen gehen.

Wenn Sie in einer Stieffamilie aufgewachsen sind, dann werden Sie wissen, wie die von allen Familienmitgliedern geforderten Anpassungen Ihr künftiges Verhalten gegenüber Ihren eigenen Partnern/Ehe und Ihre Rolle in einer Familie geprägt haben. In dem Maß, wie Ihre

Familie diese problematische Übergangsphase zufriedenstellend bewältigt, sind auch Sie flexibel genug, eine glückliche eigene Beziehung zu schaffen. Konnte dagegen Ihre Stieffamilie nicht genügend zusammenwachsen, müssen Sie Wunden heilen und vermeiden, alte Probleme in neue Beziehungen einzubringen.

## Tod

Auch wenn Todesfälle Familien zutiefst erschüttern, gibt es einen großen Unterschied zwischen dem erwarteten Verlust eines älteren Elternteils und dem Verlust einer Gefährtin oder eines Gefährten, einem jungen Elternteil, junger Geschwister oder einem Kind. Wir konzentrieren uns nun auf letztere Art von Verlust.

Offensichtlich wird ein solcher Verlust um so tiefer empfunden, je mehr Veränderungen er in das Leben der Familienmitglieder bringt. Entscheidend für die künftige emotionale Gesundheit der Familienangehörigen ist jedoch, wie sie auf das lebensverändernde Ereignis reagieren. Ist die Trauerarbeit nicht vollständig zu Ende gebracht, kann die betreffende Person in der einen oder anderen Kummerphase steckenbleiben und unfähig werden, liebevolle und ausgeglichene Beziehungen aufzubauen.

Mir ist eine Familie bekannt, in der die drei Kinder in ihren zwanziger Jahren den Tod der geliebten Mutter mit Gleichmut zu ertragen schienen – sie redeten nicht darüber und beweinten den Verlust auch nicht. In den darauffolgenden fünf Jahren heiratete keines der Kinder; sie blieben eng miteinander verbunden. Diese Familie war in der Phase des Nichtwahrhabenwollens »erstarrt«. Sie hatte Schwierigkeiten, neue, liebevolle Beziehungen einzugehen. Nachdem alle voll erwachsen geworden waren, kam eines der Geschwister auf die Idee, eine Familientherapie zu machen. Im Schutz des Therapieraums konnten sie endlich ihrem alten Kummer Ausdruck verleihen. Und im Lauf des folgenden Jahres veränderte sich das Leben von jedem einzelnen, und alle begannen intakte Beziehungen aufzubauen.

In einer anderen Familie war die Reaktion auf den Tod der geliebten Mutter durchaus anders. Ein Sohn empfand Wut aufgrund des Verlustes – die Mutter war der herzliche Mittelpunkt der Familie gewesen –, was ihn veranlaßte, sich auf die Fehler der ansonsten intakten Familie seiner Frau zu konzentrieren. Er entdeckte Probleme bei seinen

Schwiegereltern, die er als so ernst einstufte, daß er sich und seine Frau von ihnen fernhielt. Indem er sich auf das konzentrierte, was er für ihr Problem hielt, schuf er eine ungute Situation, um sich von der eigenen Trauer abzuhalten. Er vermied seine eigenen Gefühle der Trauer und fand eine für ihn weniger bedrohliche (wenn auch unangemessene) Zielscheibe für die Wut darauf, daß ihn seine Mutter durch ihren Tod verlassen hatte.

Wird nach einem wichtigen Verlust ein neuer Partner gewählt, drückt sich damit oft das Verlangen aus, diese Person zu ersetzen. Ein solches Beispiel ist Joni. Ihr Vater starb, als sie sechs Monate alt war. Die Mutter erwähnte den Vater selten, und so wuchs Joni mit dem Gefühl einer unvollständigen Familie heran. Sie war mit ihrer umhegenden Mutter verbunden, hatte aber keinen Vaterersatz. Beim Nachdenken über ihre Beziehungsgeschichte fand Joni heraus, daß alle bisherigen Männer für sie unerreichbar waren: Sie waren entweder verheiratet oder lebten zu weit entfernt. Ihre Entdeckung war, daß diese Männer Ausdruck ihrer Sehnsucht nach dem Vater waren. Weinend sagte sie: »Es ist, als könnte ich die Geschichte ändern, wenn ich einen von ihnen dazu bringe, mich zu lieben. Es wäre, als hätte ich dann meinen Vater wieder. Wenn ich aufhöre, mich in unerreichbare Männer zu verlieben, kann ich endlich den Tod meines Vaters akzeptieren.«

Entscheidungen darüber, »wie das Leben« nach einem schweren Verlust durch Tod »ist«, können insbesondere bei Kindern das gesamte Leben prägen und sogar an weitere Generationen weitergegeben werden. Offene Gespräche mit Kindern über den Verlust können zu einer Korrektur falscher Schlußfolgerungen führen, zu denen sie neigen, wenn sie mit Ereignissen zu tun haben, die sie nicht verstehen.

Auch wenn der Verlust einer wichtigen Person immer schwer ist, sind die langfristigen Folgen nicht notwendigerweise alle ungünstig. Wie ich im 4. Kapitel bereits angedeutet habe, starb der Vater meines Vaters, als dieser zwölf Jahre alt war. Mein Vater ging von der Schule ab und arbeitete schwer, um seine Mutter und Schwestern durchzubringen. Er war stolz auf seine Leistung. Und von dem Vermächtnis dieses Stolzes auf harte Arbeit profitierten ich und die nächste Generation (meine Kinder). Andere Aspekte des väterlichen Todes waren jedoch nicht so günstig, zum Beispiel die Wut meines Vaters auf seine Situation als junger Mann. Seine Sichtweisen beeinflußten meine früheren Entscheidungen für Liebespartner, überhaupt mein Interesse an dem gesamten Thema Liebe/Romantik und, vielleicht indirekt, die Entstehung dieses Buches.

Die unmittelbaren Gefühle von Schmerz (Verlust und Trauer) werden beim Tod einer geliebten Person immer vorhanden sein. Aber sie können auf bewußte, liebevolle Weise vorbereitet werden, so daß andere Menschen nach dem Tod mit einem guten Gefühl zurückbleiben und nicht mit Problemen konfrontiert werden, die im nachhinein bewältigt werden müssen. Dazu folgendes Beispiel:

## Eine natürliche Erfahrung mit dem Tod

Carol, vor einigen Jahren eine meiner Klientinnen, hatte drei Kämpfe gegen ihren Krebs durchgestanden und gehofft, die Krankheit überwunden zu haben. Eines Tages meldete sie sich jedoch, um mir von einem Rückfall zu berichten. Sie wollte mit mir an einem unbeendeten emotionalen Thema ihrer Familie arbeiten. Ich begriff, daß sie vor ihrem Tod stand. Während der nächsten Monate verbrachten wir – zwischen den Behandlungen des sich ausbreitenden Krebses – viele Stunden miteinander.

Carols Anliegen war die Klärung der von Wut und Mißverständnissen getragenen Beziehungen in ihrer Familie. Ihre Mutter starb, als sie ein Säugling war. Ein Leben lang empfand sie Ärger gegenüber ihrer Stiefmutter und fühlte sich dadurch von ihrem Vater distanziert. Nachdem sie und ich einige dieser Gefühle durchgearbeitet hatten, lud sie die beiden zu einem Besuch ein. Während dieses Besuchs hielt ich Familiensitzungen mit Carol, der Stiefmutter und dem Vater ab. Gemeinsam besprachen sie alte Gefühle und Situationen, die nie zuvor angerührt worden waren. Carol war aufgrund ihrer Trauer um den Verlust der Mutter – die sich als Wut gegenüber der Stiefmutter Ausdruck verschaffte – kein einfaches Kind gewesen. Als Carol sich allmählich mit den Augen der Stiefmutter sehen konnte, ließ das Verzeihen nicht lange auf sich warten. Sie und ihr Vater erlebten eine nie geahnte, freudvolle Nähe.

In den Sitzungen mit ihrem Mann und den Kindern wurde von allen die Wut zur Sprache gebracht, was den Weg zu liebevolleren Beziehungen eröffnete. Sie sprachen über Carols bevorstehenden Tod, und Carol erklärte all die Dinge, die noch getan werden mußten, bevor sie von der Familie ging. Sie wollte das Haus in Ordnung bringen, damit es ohne sie für die Familie nicht so mühsam wäre. Sie arbeitete und plante mit Hilfe und Unterstützung der Familie, damit dies geschehen konnte.

Bei der Vorbereitung auf den Tod der Mutter kam sich die Familie näher. Und als die Zeit des Abschieds kam, waren sie bereit. Ihre Tochter, die bei ihr war, als sie starb, erzählte mir später, was für eine wundervolle Erfahrung es gewesen sei.

Beim Gedenkgottesdienst für diese entschlossene Frau sagte eines ihrer Kinder: »Sie wollte nicht, daß uns ihr Tod so verletzt, wie sie als Baby durch den Tod ihrer Mutter verletzt worden ist. Sie wollte, daß wir bereit sind, sie gehen zu lassen.«

Diese Familie hatte wichtige Lektionen über die Liebe gelernt, die sie für künftige Beziehungen nutzen konnte.

Schwere Verluste können also langfristige Auswirkungen auf die Familie haben. Vertiefen Sie sich in Ihre eigene Geschichte (das Genogramm kann Erinnerungen wachrufen), um ein Gefühl dafür zu bekommen, wie Sie selbst durch Ihre Verluste geprägt worden sind.

- Suchen Sie nach schweren Verlusten und großen Übergangsphasen. Der Tod eines Großelternteils, einer Tante, eines Onkels oder gar einer engen Freundin kann zu einer großen Übergangsphase werden.

- Welche wichtigen Veränderungen wurden durch einen Verlust in der Familie verursacht? Konnte die Trauer um den Verlust offen ausgedrückt werden?

- Muß die Trauerarbeit abgeschlossen werden, die Sie sich damals nicht zugestanden? Gibt es Freunde oder Familienmitglieder, mit denen Sie darüber sprechen können? Müssen Sie eine/n Therapeut/in in Anspruch nehmen, die für diese spezielle Problematik geschult ist? Vielleicht kann auch das Schreiben über den Verlust oder das Aufsuchen des Grabes zum Abschließen des Trauervorgangs verhelfen.

# II

# Bessere Gestaltung von Beziehungen

# 7 Optimale Partner werden

Familiengeschichte und Beziehungsgeschichte dienen nicht nur einem besseren Selbstverständnis, sondern sind auch sehr interessant und aufschlußreich. Allerdings wird sich das Leben nicht verändern, solange man das eigene Verhalten nicht ändert. Wie können wir also das Gelernte in die Praxis umsetzen, um die ersehnte liebevolle und entwicklungsfähige Beziehung zu erreichen?

In den früheren Kapiteln haben wir uns auf vergangene Beziehungen und auf die Familie konzentriert. Wir haben Informationen gesammelt. In diesem und den folgenden Kapiteln geht es darum, wie diese Informationen umzusetzen sind. Es geht um Sie, um Ihre Gegenwart und Zukunft. Beginnen wir mit einer Frage.

*Wer sind Sie überhaupt?*

- Sie sind eine »beziehungsgeschädigte« erwachsene Person ohne Beziehung im Moment. Sie haben freud- und leidvolle Liebeserfahrungen hinter sich. Die Vorstellung von einer einsamen Zukunft ist angsteinflößend, aber genauso sind die Risiken des Verlustschmerzes und die Gefahren durch die Verwicklung des eigenen Lebens mit dem einer anderen Person. Oder:
- Sie leben in einer Beziehung, sind sich ihrer aber nicht sicher und fragen sich, ob sie verbessert werden kann oder beendet werden muß. Oder:
- Sie leben in einer partnerschaftlichen Beziehung und möchten alles tun, diese zu verbessern. Oder:
- Sie waren nie in einer ernsthaften Beziehung, möchten es aber und suchen Hilfe. Oder:
- Sie haben das schmerzliche Ende einer Beziehung erlebt. Sie wünschen sich eine neue, möchten künftig aber verletzende (oder unsinnige) Fehler vermeiden.

Was können Sie im jeweiligen Fall tun, um anziehender, geistsprühender, erfolgreicher und weniger angstvoll zu sein? Wie können Sie die gewünschte Art von Partner/in anziehen und für diese anziehender werden, welche die ersehnte Chance für Wachstum und Glück bieten? Die Antwort lautet:

- Lernen Sie sich besser kennen und lieben.
- Verbessern Sie Ihr Beziehungsfähigkeit, damit Sie zu gegebener Zeit für eine engagierte, romantische Partnerschaft bereit sind.
- Tun Sie etwas für mehr inneren Frieden und innere Zufriedenheit.
- Lernen Sie, die Art von Partner/in zu werden, die Sie gern in Ihrem Leben hätten.

Unabhängig davon, ob Sie momentan in einer Liebesbeziehung leben oder nicht, können Sie jetzt – selbst – gewisse Eigenschaften finden und entwickeln, die Sie für andere attraktiver und für sich selbst glücklicher machen. Haben Sie derzeit eine/n Liebesgefährt/in, wird diese Übung die Beziehung verbessern. Haben Sie niemanden, wird diese Arbeit wesentlich dazu beitragen, daß Sie im richtigen Moment den wünschenswerten Partner anziehen. Wenn Sie sich gerade von einem Beziehungsende erholen, kann diese Zeit – auch wenn sie nicht ganz so angenehm sein mag – dazu genutzt werden, um wieder zu sich selbst zu finden.

Im folgenden werden fünf Möglichkeiten aufgezeigt, wie Sie Ihre Chancen für eine gute Beziehung verbessern können.

1. *Lernen Sie sich auf neue Art kennen.*
2. *Akzeptieren und respektieren Sie sich.*
3. *Finden Sie heraus, ob Sie mehr Fürsorge geben oder nehmen.*
4. *Verstehen Sie sich als Person mit vielen verschiedenen Anteilen.*
5. *Heilen Sie Wunden aus der Vergangenheit.*

## 1. Lernen Sie sich auf neue Art kennen

Die Übungen dieses Buches bieten eine Möglichkeit, die wichtigsten Beziehungsgewohnheiten vor Ihrem einzigartigen Familien- und Beziehungshintergrund zu erkennen. Sie mögen bisher davon ausgegangen sein, daß die meisten Menschen so fühlen wie Sie und daß Ihre

Art, Beziehungen zu sehen, »normal« ist. Wenn Sie aber die Unterschiede zwischen Ihrem eigenen Beziehungsverhalten und dem anderer Menschen hinterfragen, werden Sie feine Fakten über sich selbst entdecken, die es sorgfältig zu überprüfen gilt. Sie werden Ihre persönliche Einzigartigkeit klarer erkennen, Ihre eigenen Stärken und Verletzlichkeiten besser kennenlernen und Ihre Bewußtheit über die zu verbessernden Bereiche vertiefen.

Für eine Beziehung ist es wichtig, sich gut genug zu kennen, um von den »wunden Punkten« der Vergangenheit zu wissen. Wenn eine Situation mit dem Partner/der Partnerin verletzte Gefühle aus der Vergangenheit hochbringt, werden Sie das erkennen und dem Partner erklären können, daß es sich hier um ein Defizit aus der Vergangenheit handelt. Es wird Ihnen klar sein, daß die tief empfundenen Gefühle zwar echt sind und durch momentane Umstände ausgelöst, aber *nichts* mit der gegenwärtigen Situation zu tun haben. Diese Bewußtheit kommt aus dem Wissen um sich selbst und aus der Akzeptanz der eigenen Verletzungen. Eileens Kindheit war zum Beispiel vom Kampf der Eltern um Geld geprägt. Ihre Ehe mit einem Mann aus armen Verhältnissen, der erfolgreich wurde, endete mit der Scheidung, wobei durch den Streit über Geld alles noch schmerzlicher wurde. In ihrer zweiten Ehe entdeckte sie noch immer die alten Gefühle – Defizite in bezug auf Geld und Vertrauen. Als diese Gefühle hochkamen, erzählte Sie dem neuen Ehemann von ihren schmerzlichen Erfahrungen und ihrer Verletztheit. Zusammen arbeiteten sie dann an Möglichkeiten, ihr das Gefühl von Sicherheit und Vertrauen zu geben.

## 2. Akzeptieren und respektieren Sie sich

Sicher fallen uns viele erlernte Techniken ein, die beim Versuch »sich mehr zu lieben« helfen. Aber so oft wir Übungen zur Selbstachtung, Affirmationen, auf Band gesprochene Motivationen oder auf Videokassetten aufgenommene Inspirationen auch anwenden: *Besser fühle ich mich erst dann, wenn ich mein Verhalten ändere und das tue, was mir wichtig ist.*

Sie mögen einige dieser Gefühle spüren, wenn Sie dem Aufruf begegnen, »sich selbst zu lieben«. Sie können aber auch das nagende Gefühl haben, daß es zwar gut ist, sich selbst zu lieben, aber daß die ersehnte Liebe zwischen zwei Menschen stattfinden sollte. Seit frühester

Kindheit wissen wir und erinnern uns auch daran, daß wir andere (die Eltern) zum Überleben brauchen. Und so wollen wir noch immer die Liebe von anderen und wollen diese auch wiederlieben. Dennoch: Es ist äußerst wichtig, *sich selbst* zu akzeptieren, *sich selbst* zu respektieren, *sich selbst* zu mögen, sich mit *sich selbst* wohlzufühlen. Dieses Akzeptieren, Respektieren und Wohlfühlen bedeutet, daß man sich für wertvoll genug hält, gut zu sich zu sein und so attraktiv und gesund wie möglich.

Wenn ich bemerke, wie gut es mir tut, allein zu sein und meinen Gedanken nachzuhängen – ohne Ablenkungen durch den Fernseher oder ständige Knabbereien – dann weiß ich, daß ich mich mag. Der Maßstab für mein inneres Selbstwertgefühl ist, wie zufrieden ich mit mir selbst bin. Fühle ich mich mit mir selbst jedoch nicht wohl, dann muß ich tiefer in mich hineinsehen und herausfinden, was ich brauche – und was ich sonst bei anderen suche.

Allerdings kann die Enttäuschung über eine zerstörte Beziehung den Gefühlen – sich mit sich selbst wohl zu fühlen – im Weg stehen. Sollte Sie das hindern, dann können Sie sich wenigstens zugute halten, daß Sie durch die Wahl gerade jener Person zu wachsen versuchten. Vielleicht können Sie sich etwas ähnliches sagen wie: »In Beziehungen gibt es keine Fehler, nur Lektionen.« Sollten Sie jedoch noch immer Ihre Ex-Beziehung dafür verantwortlich machen, daß Sie sich elend fühlen, dann versuchen Sie, wieder Ihre eigene Kraft zu aktivieren.

Geben Sie keiner Person die Macht, Sie weiterhin wütend oder unglücklich zu machen, auch wenn Sie über den Verlust noch trauern. Machen Sie sich Ihre eigene mutige Entscheidung klar, durch die Wahl eben jener Person den Versuch unternommen zu haben, Probleme in sich auszusöhnen. Auch wenn sich dieser Versuch nicht in der erhofften Weise realisiert hat, war er doch ein aufrichtiges Bemühen um Wachstum und Glück. Sie können aus dieser Erfahrung lernen und wieder Achtung vor sich bekommen.

Das war es, womit ich nach meiner zweiten Ehe zurechtkommen mußte. Ich erinnere mich an ein Gefühl der Stärke, als mir klar wurde, daß das Verhalten meines Ex-Ehemanns (was immer er auch tat oder nicht tat) nicht länger über mein Glück entscheiden konnte. Einige Fragen, die ich mir damals selbst stellte, sind vielleicht auch für Sie von Interesse:

*Was verursachte das Zerbrechen meiner Beziehung? War die ursprüngliche Herausforderung oder Begeisterung mit einem Gefühl verbunden, das ich immer von meiner Mutter oder meinem Vater ersehnt hatte? Enttäuschte mich diese Liebesbeziehung, weil ich nicht in der gleichen Weise geliebt wurde, wie ich immer geliebt werden wollte? Wählte ich eine Person, mit der ich dasselbe alte Szenario meiner Kindheit wiederholen konnte (das mir damals Schmerzen zufügte, die ich jetzt zu heilen hoffte)?*

Es war für mich sehr wichtig, durch diesen Prozeß der Selbstannahme zu gehen, um auf eine andere Liebe vorbereitet zu sein oder überhaupt fähig zu werden, mich für sie zu öffnen. Bei der Beantwortung der Fragen erkannte ich, wie sehr ich vom Wunsch getrieben war, alte Wunden aus meiner Kindheit zu heilen – aber auch, daß ich mir den Beziehungsversuch anrechnen mußte.

Sich selbst akzeptieren beeinflußt ganz entscheidend unsere Fähigkeit, andere lieben zu können – unabhängig davon, wie gut oder schlecht die eigene Geschichte ist. Hilfreich ist alles, was Sie tun, um gute Gefühle zu sich selbst herzustellen. Ebenfalls hilfreich kann die Entwicklung neuer Interessen, Fertigkeiten oder Ziele sein. Zum Beispiel ein neues Instrument spielen lernen, Blumen pflanzen oder ausgeglichen im Umgang mit Menschen sein. Vielleicht lernen Sie auch, attraktiver zu werden, besser auszusehen oder besseres Essen für sich zu kochen.

## 3. Finden Sie heraus, ob Sie mehr Fürsorge geben oder nehmen

Dies ist ein wichtiger Punkt, um die Selbsterkenntnis zu verbessern. Als kleine Menschen wußten wir, daß unser Überleben von den großen, uns umsorgenden Menschen abhing. Wenn wir aber Bedürfnisse von seiten der uns umsorgenden Personen spüren (das heißt, daß *wir sie* versorgen sollen), dann fühlen wir uns genötigt, ihnen im Interesse unseres eigenen Überlebens diese Fürsorge zukommen zu lassen.

Kinder sorgen für ihre Eltern in recht unterschiedlicher Weise. Sie können dabei besonders gut oder besonders schlecht sein (und damit ihre Eltern von einer traurigen Ehe ablenken). Das besonders gute Kind hilft vielleicht im Haushalt, ohne dazu aufgefordert worden zu sein, oder es geht möglicherweise aus dem Weg oder hört anteilnehmend zu, Dinge, die die Ehepartner nicht voneinander bekommen.

Wenn bei Eltern ein unerfülltes Bedürfnis existiert, wird meist zumindest ein Kind versuchen, es zu erfüllen. Dies demonstriert das in Aktion befindliche Familiensystem (Genogramm) mit seinem ständigen Bestreben, das ihm eigene Gleichgewicht oder die immanente Struktur aufrechtzuerhalten.

Erkennen Sie diese Art Sog in Richtung einer speziellen Norm in Ihrer Familie? Haben Sie oder sonst jemand in der Familie einen Preis zur Aufrechterhaltung des Status quo gezahlt? Eine solche Reaktionsweise kann zum Muster werden, das sich in intime Erwachsenenbeziehungen hineinverlagert. Sollte das der Fall sein, werden Sie gewohnheitsmäßig Ihre eigenen Bedürfnisse zurückstellen, bis sie Ihnen nicht mehr bewußt sind. Und das kann es Ihnen äußerst erschweren, ehrlich zu erkennen, was Sie von der Beziehung mit anderen möchten.

Gab es ein Elternteil oder vielleicht waren es gar beide, die unbewußt signalisierten, von ihnen umsorgt zu werden wollen? Wählen Sie heute Menschen, die von Ihnen umsorgt werden möchten? Vielleicht haben Sie die Gewohnheit, auf Kosten Ihrer Wünsche, Hoffnungen und Träume das zu tun, was andere möchten? Was erzählt Ihre Beziehungsgeschichte darüber?

Oder suchen Sie jemanden, der sich um Sie kümmert? Das mag nicht so offensichtlich und auch sehr schwer zuzugeben sein, insbesondere wenn Sie sich als »großen, starken Mann« oder als »unabhängige, selbständige Frau« definieren. Auch hier hilft Ihnen Ihre Beziehungsgeschichte.

Das Ideal in einer gleichberechtigten Beziehung (die einzige Art, die in unserer Zeit funktioniert!) ist gegenseitiges Umsorgen. Umsorgen kann nicht mit Geld erkauft werden, sondern drückt sich durch fürsorgliches Handeln aus. Auch wenn dies so interpretiert werden mag, wenn ein Partner finanzielle Sicherheit für den anderen bietet, sind die alten Tage mit ihren starren Normen vorbei, in denen der Mann zwangsläufig der Geldverdiener und die Frau zwangsläufig die allein Fürsorgende war. Heute geht die Tendenz eher in Richtung eines Ausgleichs der beiden Rollen.

Wo stehen Sie in diesem Kontinuum von Fürsorge geben und Fürsorge annehmen? Müssen Sie lernen, sich selbst mehr zu »nähren« oder andere mehr zu verwöhnen?

## 4. Verstehen Sie sich als Person mit vielen verschiedenen Anteilen

In uns existieren viele Persönlichkeitsanteile oder innere Stimmen, die gehört werden wollen. Oft sagen wir in einem Gespräch: »Ein Teil von mir fühlt sich glücklich« (oder traurig oder gleichgültig usw.), gleichzeitig wird uns aber ein anderer Teil bewußt, der etwas völlig anderes meint. Oft sind uns die Kämpfe, die in unserem Inneren vorgehen, nicht voll bewußt. Unser innerer Kritiker (Zensor) mag sagen: »Nimm dich zusammen. Du brauchst mehr Bewegung und weniger schweres Essen!« Das innere Kind dagegen mag sagen: »Ich bin müde und habe dieses letzte Stück Kuchen verdient.« Also eine Konfliktsituation. Zwei weitere, für gewöhnlich im Widerstreit liegende innere Stimmen sind der Antreiber und der Spieler. Zum Beispiel sagt der Antreiber: »Du mußt den Termin einhalten, damit die Arbeit fertig wird.« Während der Spieler sagt: »Du hast Freizeit und Spaß verdient.«

Keine dieser Stimmen oder Anteile ist an sich gut oder schlecht. Sie sind dazu da, sich um Sie zu kümmern. Sie gleichen den Musikern in einem Orchester, dem Sie als Dirigent in Ihrem Bemühen um Ausgewogenheit und Harmonie vorstehen. Spielt ein Musiker zu laut oder zu lang, dann wirkt sich das beeinträchtigend auf die Musik aus. In ähnlicher Weise ist Ihr Leben unausgeglichen und unharmonisch, wenn ein Teil von Ihnen zuviel Kontrolle ausübt oder gar die anderen Teile überwältigt. So können innerer Antreiber und Kritiker so zusammenwirken, daß Sie zum Workaholic oder Perfektionisten werden. Sind dagegen das innere Kind und der Spieler zu oft zuständig, dann werden Sie Ihre Ziele nicht erreichen.

Sie können den von Zeit zu Zeit bemerkbaren inneren Stimmen eigene Namen geben. Alle wirken in gewisser Weise unterstützend, können jedoch aus dem Gleichgewicht geraten, wenn nicht für Ordnung gesorgt wird. Zwischen den inneren Anteilen ist Harmonie besonders wichtig, wenn Ihr inneres Orchester mit dem Orchester der Partnerin/des Partners zusammentrifft. Natürlich können Sie ab und zu aus dem Gleichgewicht geraten. Wenn Sie jedoch wiederholte Phasen schmerzlicher oder unproduktiver Disharmonie bemerken, dann sollte das Problem direkt angegangen werden, damit es sich nicht zu echten Schwierigkeiten potenziert. Dies verbessert die derzeitige Beziehung oder macht sie für eine erfolgreiche Liebesbeziehung bereit. Im weiteren Verlauf des Buches erhalten Sie Vorschläge für Wege aus diesem Dilemma. Außerdem beschreiben die drei Bücher von Hal und Sidra Stone – *Du bist viele*, *Abenteuer Liebe – Lebendige Partnerschaft*, *»Du bist richtig. Mit der Voice-Dialogue-Methode den inneren Kritiker zum Freund gewinnen* – wie wir das Wissen um unsere Persönlichkeitsanteile nutzen können, indem wir uns kennenlernen und erfolgreicher mit anderen umgehen.

## 5. Heilen Sie Wunden aus der Vergangenheit

Alte Wunden heilen ist eine der wichtigsten Bedingungen für eine erfolgreiche Liebesbeziehung. Wenn Sie bemerken (Übungen Beziehungsgeschichte und Genogramm), daß immer wieder dieselben alten Themen auftauchen und Sie über Beziehungen entmutigt sind (»Es gibt niemanden für mich!« »Warum komme ich mit diesem Mann [dieser Frau] nicht zurecht?«), dann müssen Sie sich weiterhin ernsthaft mit den angesammelten und Schwierigkeiten bereitenden Themen auseinandersetzen. Viel von diesem sogenannten Gepäck liegt außerhalb Ihrer Bewußtheit und bleibt auch da, bis Sie bewußt innere Arbeit zu leisten bereit sind.

Das Problembewußtsein ist ein entscheidender erster Schritt in Richtung Aussöhnung, denn mangelndes Bewußtsein über die eigenen Verhaltensweisen ist wie ein Blick auf die Welt mit Scheuklappen. So sind zum Beispiel die Gefühle gegenüber Intimpartnern meist von Erfahrungen aus der Vergangenheit geprägt, was dazu führen kann, daß Sie sich als Opfer fühlen und andere dafür verantwortlich machen, statt zu erkennen, daß Ihre Probleme Ihrer eigenen Kontrolle unterliegen.

Identifizieren Sie die wichtigen emotionalen Fallen (die Übungen in diesem Buch können Ihnen dabei helfen). Welche Struktur oder Eigenschaft hat die größten Schmerzen in Ihren Beziehungen verursacht? So sagte mir einmal eine Klientin: »Meine Mutter war kritisch, und ich konnte es ihr nie recht machen. Also habe ich mir, ohne mir dessen bewußt zu sein, Partner gesucht, die mir dabei halfen, dieses alte, vertraute und unangenehme Gefühl wieder zu durchleben.« Die Erfahrung einer spannenden und herausfordernden Beziehung ohne diese Falle wäre eine wundervolle Befreiung. Also ist der erste Schritt in eine neue und bessere Zukunft, die Beziehungsfalle zu erkennen.

Achten Sie auch darauf, daß Sie mit Erwartungen aus der Vergangenheit Beziehungen sabotieren können. Wenn Sie sich bei den Gedanken erwischen, »alle Männer sind ...« oder »alle Frauen sind ...«, dann sehen Sie tief in sich hinein und stellen Sie fest, wie diese Erwartungshaltung Sie dazu veranlaßt, genau die von Ihnen gefürchteten Beziehungen zu schaffen. Diese Einsicht erfordert Mut und Ehrlichkeit sich selbst gegenüber. Denn sich ändern oder aussöhnen ist nicht einfach. Aber es ist die lohnendste Arbeit, die mit Sicherheit leichter ist als der Versuch, andere den eigenen Erwartungen gemäß verändern zu wollen.

Die fünf soeben genannten Bereiche behandeln Selbsterkenntnis und Arbeit an sich selbst. Diesen schließen sich jetzt vier weitere wichtige Bereiche an. Hier geht es um die Verbesserung der Beziehungsfähigkeit durch die Arbeit mit anderen und die daraus entstehenden Erfahrungen.

1. *Teilen Sie Ihre Gefühle offen und ehrlich mit.*
2. *Hören Sie anderen wirklich zu.*
3. *Pflegen Sie ihre Freundschaften.*
4. *Wählen Sie Menschen und Situationen sorgfältig aus.*

## 1. Teilen Sie Ihre Gefühle offen und ehrlich mit

Wenn Sie sich selbst kennen und akzeptieren, können Sie anderen gegenüber Ihre wahren Gefühle leichter ausdrücken – ohne anzuklagen, sich zu beklagen, zu beschwichtigen, zu predigen oder gar Gefühle zu ignorieren. Eine äußerst wichtige Beziehungstechnik ist, Gefühle, Wünsche oder Bedürfnisse direkt mitzuteilen. Dazu werden die Aussagen über das, was in Ihnen vorgeht, folgendermaßen begonnen: »Ich fühle ...« oder »Ich möchte ...«. Das sind sogenannte Ich-Botschaften. Sie sind ein sehr machtvolles Kommunikationsmittel, das den Partnern genau mitteilt, was in Ihnen vorgeht, ohne daß sie beschuldigt oder verantwortlich gemacht werden. (Sie bewirken auch im Umgang mit anderen Menschen Wunder.) Probieren Sie es aus!

Diese Art zu kommunizieren ist äußerst effektiv, wenn man ein bestimmtes Gefühl zu etwas hat und bereit ist, dafür Verantwortung zu übernehmen. Beispiel: »Ich fühle mich unwichtig, wenn du zu spät kommst, und das wiederum macht mich traurig.« Sollten Sie sich dabei ertappen, Sätze mit »Du« zu beginnen (»Du machst mich wütend, wenn du zu spät kommst.«), dann bedenken Sie, daß Sie die andere Person mit Ihren Beschuldigungen in die Defensive drängen. Lernen Sie also, für Ihre eigenen Gefühle Verantwortung zu tragen, indem Sie den Satz mit »Ich« beginnen und dann Ihre Gefühle im Detail mitteilen.

Ein anderer Vorteil der direkten Verständigung ist, daß Ihr Gegenüber nicht damit belastet wird, sich vorstellen zu müssen, was in Ihnen vorgeht. Es ist nicht fair, andere das erraten zu lassen (»Wenn sie mich wirklich liebt, weiß sie, was ich möchte.«) Gleichgültig wie gut Sie jemanden kennen, *Sie* müssen sagen, wie *Sie* sich fühlen, und was *Sie* wollen. Beispiel: »Ich bekomme wirklich Angst, wenn du zu spät kommst und ich nicht weiß warum. Ich fürchte, es könnte dir etwas zugestoßen sein. Ich sorge mich um dich, und es wäre schrecklich, wenn du einen Unfall hättest.« Darauf kann eine andere Person viel besser reagieren als auf eine Beschuldigung oder Anklage (»Du rücksichtsloser Trottel, du kommst schon wieder zu spät.«). Denn Sie drücken ihre Gefühlstiefe aus, anstatt vorzugeben, daß alles in Ordnung ist oder das Zuspätkommen zu ignorieren.

Achten Sie bei den Ich-Botschaften darauf, worüber Sie sich beklagen wollen, und verwandeln Sie dann die Klage in eine positive Bitte. Wenn Ihnen auffällt, daß in den Klagen häufig Wörter wie »immer« und »nie« vorkommen, dann bedenken Sie, daß diese kindliche, einem früheren Lebenszeitpunkt angemessene Standpunkte widerspiegeln können. (Kinder denken in Extremen, und die meisten von uns neigen dazu, dies auch zu tun, wenn sie unter Druck stehen.)

Für andere ist es immer schwierig, auf Wünsche in Form von immer/nie zu reagieren. »Nie trägst du den Müll hinaus« ist vermutlich keine wahre Aussage und wird beim Partner auf kein Verständnis stoßen. Wenn Sie Ihre Neigung zu immer/nie entdecken, können Sie das ändern: »Nie gibst du mir einen richtigen Kuß, wenn du weggehst« wird zu »Ich genieße es sehr, wenn du mich richtig umarmst und küßt, bevor du gehst.« Oder: »Du verfügst immer über meine Zeit« wird zu »Ich brauche täglich mindestens dreißig Minuten für mich selbst«.

In einer Beziehung können sich angemessene Grenzen und Richtlinien ergeben, wenn die persönlichen Bedürfnisse zunächst geklärt und dann in positiver, klarer Weise mitgeteilt werden.

Hilfreich ist auch, daß die andere Person sie kennt. Diese Fähigkeit kann ebenfalls im Freundes- und Kollegenkreis geübt werden.

## 2. Hören sie anderen wirklich zu

Die Fähigkeit, anderen wirklich zuzuhören, ist in jedem Fall äußerst nützlich, ob Sie nun in einer Partnerschaft leben oder nicht. Wirklich zuhören ist für einen anderen Menschen oft das größte Geschenk. Diese Art des Zuhörens fordert, für einen Moment die eigenen Interessen beiseite zu lassen und nicht nur die Worte, sondern auch die Gefühle hinter den Worten zu hören. Je intimer die Beziehung, desto wichtiger ist das Hinhören auf die Gefühle und die Fähigkeit, sie auf die geliebte Person zu beziehen. Diese weiß dann, daß Sie das Gesagte gehört und verstanden haben. Haben Sie die Gefühle falsch verstanden, dann weiß das Ihr Gegenüber sofort und kann es sagen. Auf diese Weise wird sofort Klarheit geschaffen. Beispiel: »Wenn ich zu spät komme und du nicht weißt warum, dann fürchtest du, daß mir etwas zugestoßen sein könnte, oder?«

Nachdem Angst und Ärger gehört und verstanden worden sind, kann auch die Erklärung gehört und verstanden werden. Vielleicht in Form einer anderen Ich-Botschaft: »Ich bin im Verkehr steckengeblieben und bin wirklich frustriert, daß ich nicht rechtzeitig kommen konnte.« Die mögliche Antwort: »Oh, dann ist dieses Zuspätkommen für dich auch so ärgerlich.«

Was ein Argument der Anschuldigung hätte sein können (oder geschluckte Gefühle, die später herauskommen), ist in wenigen Momenten geklärt. Das ist ein einfaches Beispiel für eine äußerst machtvolle und kultivierenswerte Fähigkeit. Ein Nebeneffekt ist, daß Sie sich und den Partner besser kennenlernen. Eine Technik, die sich auch im Freundes- und Kollegenkreis bewährt.

## 3. Pflegen Sie Ihre Freundschaften

Freunde sind eine wichtige Möglichkeit, sich verstanden und unterstützt zu fühlen. Man kann Freude und Kameradschaft genießen und von der Beziehung unabhängiger werden. Solche Freund/innen geben uns öfter die praktische Gelegenheit, direkt zu sagen, was wir möchten, und direkt zu hören, was andere sagen und fühlen.

Die Unterschiede zwischen Frauen und Männern zeigen sich deutlich in ihren Freundschaften. Frauen haben in der Kindheit gelernt, daß es in Ordnung ist, sich verletzlich und offen zu zeigen. Männer lernen, ihre Verletzlichkeit nicht zu zeigen, um sich vor schmerzlicher Kritik zu schützen und ihre Konkurrenzfähigkeit untereinander zu verstärken. Aufgrund dieser Unterschiede können Frauen sich meist leichter miteinander intim austauschen, während Männer eher dazu neigen, oberflächlichere Gespräche zu führen, die sich oft nur auf Sport und Arbeit beschränken.

Frauen neigen zur Lösung von Problemen, indem sie diese durchsprechen und beim Reden zu Ergebnissen kommen. Das kann einen problemlösenden, zielorientierten Mann von der Art »was ist das Fazit?« frustrieren. Frauen (und einige Männer) wissen meist, wenn Freundinnen einfach eine Zuhörerin brauchen und nicht den Rat, wie ein Problem zu lösen ist. Das ist ein Grund dafür, weshalb es im Interesse eines ausgeglichenen Lebens für die meisten Frauen so wichtig, wenn nicht gar entscheidend ist, Frauenfreundschaften zu haben.

Enorm viele Männer sind um die Möglichkeit, ihren Gefühlen und Verletzlichkeiten Ausdruck zu verleihen, geprellt worden. Doch viele von ihnen wollen weg von diesem Stereotyp. So ist beispielsweise eine größere Anzahl junger Väter ihren Kindern nähergekommen, indem sie die Gefühle ihrer Kinder und auch ihre eigenen Bedürfnisse bewußt wahrnehmen.

Insgesamt gehen für Frauen wie für Männer große Veränderungen vor sich, die sich in den spezifischen »Bewegungen« widerspiegeln. Die Frauenbewegung war und ist noch immer eine »nach außen gerichtete«, politische Bewegung, die durch die jahrhundertelange Unterdrückung der Frau ihren Anstoß erhalten hat. Im Gegensatz dazu ist die »Männerbewegung« eine »nach innen gerichtete« Bewegung, die sich mit erweiterter Sensibilität für Gefühle, Verletzlichkeiten und Bezogenheiten auseinandersetzt.

Eine neuere Entwicklung für Frauen wie Männer betrifft ein wachsendes Interesse an dem Sich-Wiederverbinden mit dem eigenen »Seelenanteil«. Es handelt sich um eine innere Sehnsucht, eine persönliche innere Reise – keine politische. Für Frauen ist der Bestseller »Die Wolfsfrau« von Dr. Clarissa Pinkola Estés Ausdruck der Suche nach der wahren weiblichen Natur und weiblichen Essenz. Die Autorin schreibt: »In jeder Frau existiert eine wilde, natürliche Kreatur, eine machtvolle Kraft, erfüllt mit guten Instinkten, leidenschaftlicher Kreativität und zeitlosem Wissen … Der Versuch der Gesellschaft, uns in starre Rollen ›hineinzuzivilisieren‹, hat diesen Schatz geplündert und die tiefen, lebengebenden Botschaften unserer eigenen Seele zum Schweigen gebracht.« Die positive Reaktion der Frauen auf dieses Buch ist faszinierend. Dennoch rätsele ich, warum eine in der »Männerbewegung« ähnliche Art von Sehnsucht von der Presse, insbesondere von Frauen, schlechtgemacht wird.

Als Therapeutin habe ich immer wieder *von* Frauen den tiefen Wunsch vernommen, ihre Männer mögen mehr mit ihrer inneren Welt in Berührung kommen. Es gibt eine große Einsamkeit, von der Frauen einander (und in der Therapie) erzählen – eine Sehnsucht nach tieferem Austausch mit Männern und eine Verzweiflung über deren alten Widerstand, sich selbst in einer Weise kennenzulernen, die ihre Partnerinnen zutiefst teilen können. Wenn aber Männer *versuchen*, Verbindung zu ihren Gefühlen aufzunehmen, dann fühlen sich manche dieser Frauen bedroht.

Die »Männerbewegung« umfaßt viele verschiedene Untergruppen. Die vielleicht achtsamste und am schwersten einzuordnende ist die »mythopoetische« Gruppe, die – den diesbezüglichen Bestrebungen der Frauen vergleichbar – auf der Suche nach der eigenen Seele ist. Sie ist nicht politisch orientiert wie die feministische Bewegung, sondern verfolgt eher die Absicht, Männern die innere Suche und Verbindung zu ihren intuitiven, freien, kreativen Kräften – ihrem Seelenwesen – zu erleichtern. Eine andere Untergruppe besteht aus Mitgliedern des »Zwölf-Schritte-Programms«, deren Anliegen es ist, sich gegenseitig bei der Überwindung von Abhängigkeiten und Bearbeitung von Wut zu unterstützen.

Der »Eine-Million-Männer-Marsch« im Oktober 1995 in Washington D.C. kann unter anderem als Teil der »Männerbewegung« gewertet werden, der für viele Teilnehmer eine eindeutig spirituelle Bedeutung hatte. In Städten des gesamten Landes gab es auch Treffen der »Promise Keepers«. Diese Treffen, die Tausende von Männern anlockten, unterstützen traditionelle Familienwerte, zu denen Verantwortung für die Familie und Zuverlässigkeit (»Wort halten«) gehören.

Zu den von Männern gelesenen Büchern gehören (abgesehen von dem Bestseller »Eisenhans. Ein Buch über Männer« von Robert Bly) »König, Krieger, Magier, Liebhaber« von Robert Moore und Douglas

Gillette und »Knights without Armor« von Aaron Kipnis. Moore und Gillette argumentieren überzeugend, daß »reife Männlichkeit nicht Mißbrauch treibend, herrschsüchtig oder großspurig ist, sondern fruchtbar, kreativ und sich selbst und andere ermächtigend.« Männliche Leser werden auch von vielen anderen Autoren speziell anvisiert. Zudem treffen sich kleine örtliche Männergruppen, um sich in sinnvoller Weise über ihr Leben auszutauschen.

Obwohl es schon lange Frauengruppen gibt, sehe ich den derzeitigen Trend zwischen Frauen und Männern als etwas Neues, als einen positiven Schritt zur Überwindung von Einsamkeit und Erfüllung der Sehnsucht beider Geschlechter nach tieferem Sinn und tieferer Verbindung. Ich glaube, daß wenige Menschen – Frauen wie Männer – die emotionalen Einengungen verstehen, mit denen Männer leben, seit sie den ererbten Hang zur Machtorientierung unterstützen und zu erhalten suchen.

Mein Mann zum Beispiel gewährte mir Einblick in den folgenden Ausschnitt aus seinem persönlichen Tagebuch (das kurz vor unserem Zusammentreffen entstand):

*»Etwas in mir muß festgestellt haben, daß nichts mehr gut war. Ich erinnere mich an Gefühle des Grolls gegenüber meiner Frau und meiner Tochter wegen ihres ‚mangelnden Respekts', und wie ich mich abseits von den Dingen fühlte, die entscheidend für eine befriedigende Lebensführung waren. Dieser ‚mangelnde Respekt' und mein daraus entstandenes Verhaltensmuster begann mit der Beziehung zu meiner Mutter und zog sich durch meine Ehe. Ich erinnere mich, daß ich mich in vielen Momenten für mein Leben ‚nicht verantwortlich' fühlte. Ich fragte mich, was es bedeutete, das Gefühl zu haben, nicht hinter die Bedeutung der vielen widersprüchlichen Strömungen meines Lebens und zu einem größeren Verständnis einer besseren Perspektive zu kommen. Heute erkenne ich, daß sich damit meine mangelnde Reife zeigte – daß ich es einfach versäumt hatte, als Erwachsener bewußter zu werden. Schließlich wurde meine Frau von meiner Egozentrik derart ernüchtert, daß sie mich als Belastung empfand, was durch meine Vorzüge nicht aufgewogen werden konnte.*

*Ich hatte alle materiellen Bedürfnisse, körperlichen Erfordernisse (Körperübungen) und Interessen (Sport) zufriedenstellend abgedeckt – enttäuschte jedoch völlig mit meinem emotionalen Wachstum. Ich war verkümmert – ein emotionaler ‚Zwerg'. Ja, ich dachte auch, daß ich dabei ziemlich glücklich war. Ich glaubte nämlich, diese Situation sei Ausdruck von STÄRKE! Durch diesen Glauben blieb ich anderen gegenüber unberührt und ungerührt – glaubte, ich könne dem Leben ›trotzen‹.*

*Die Höhepunkte des Erfolgs wurden von den Höhen und Tiefen des täglichen Lebens emotional nicht eingeholt. Ich genoß es, meine Gefühllosigkeit zur Schau zu stellen. Der ›ideale‹ Mann zeigte keine Verletzlichkeit. Das machte aber Schwäche, Unsicherheit, Angst und Kontrollverlust deutlich. Was wirklich zählte, war mein Verstand, meine Rationalität – all dieser Gefühlskram war definitiv Schwäche.*

*Ich perfektionierte diese Fähigkeit, damit ich mich mit mir wohlfühlen konnte. Je selbstzufriedener und emotional unempfindsamer ich wurde, desto geschützter fühlte ich mich den Lebenskrisen gegenüber. Genauso war mein Vater gewesen – für ihn war das die effektive Art zu leben. Seine Botschaft an mich als Heranwachsenden war: Unabhängigkeit ist oberstes Ziel, selbst um den Preis von Einsamkeit und Isolation. Diese sind einfach notwendige Opfer für Unverletzlichkeit, und Unverletzlichkeit ist der Schlüssel zum erfolgreichen, durch nichts zu erschütternden, angenehmen, sicheren und befriedigenden Leben.*

*Unbewußt hatte ich einen Vertrag mit mir geschlossen, den ich aber nicht länger einhalten wollte. Dadurch, daß ich Schmerz und Leid auf ein Minimum beschränkte, beschränkte ich auch Freude und Lebendigkeit auf ein Minimum. Vertrautheit war unmöglich. Damit wollte ich mich nicht länger zufriedengeben. Mit der Hilfe und Ermutigung, die mir andere Männer auf meinem Weg gaben, veränderte sich meine Lebenserfahrung im Lauf der Zeit von Mangel zu Fülle! Eine faszinierende und lohnende Entdeckungsreise, einschließlich der Gefühlsturbulenzen.«*

Diese Art von Erfahrung machen Männer mehr und mehr, und ich bin glücklich, eine Beziehung mit einem Mann zu haben, der eine solche Entwicklung hinter sich hat. Wenn Sie als Mann in einer Beziehung mit einer Frau das Beste wollen, dann empfehle ich eine solche Reise jenseits der traditionellen Männerrolle, damit Sie sich kennenlernen. In vielen Städten und Gemeinden gibt es Zentren und Gruppen für Männer und auch regelmäßige Tagungen und Workshops. Ich weiß von zwei Städten (Austin/Texas und Seattle/Washington D.C.), in denen einschlägige Publikationen entstehen. In der Literaturangabe finden sich Bücher, die von Männern auf der Entdeckungsreise zu ihrem wahren Selbst geschrieben wurden.

## 4. Wählen Sie Menschen und Situationen sorgfältig aus

Wählen Sie bewußt Menschen, die emotional gesund und an Wachstum orientiert sind. Erkennen Sie die Beziehungsfalle: »Ich werde ihn/sie so sehr lieben, daß er/sie sich ganz bestimmt ändert.« Wir können uns im Verlauf einer Beziehung ändern, wohl aber kaum aufgrund des Rezeptes von anderen. Würden Sie wollen, daß die große Hoffnung Ihres Partners/Ihrer Partnerin ist, daß Sie sich ändern? Vermutlich nicht. Das öffentlich erklärte beidseitige Ziel, sich bei der Erfüllung von Wünschen, Bedürfnissen und Wachstum zu unterstützen, hat nichts mit dem geheimen Wunsch und Plan zu tun, sich von dem anderen auch weiterhin als Individuum zu unterscheiden.

Ich erinnere mich an meine Hoffnungen, mein vorhergehender Ehemann möge sich in gewisser Weise ändern. Meine stille, meiner Meinung nach aus Liebe geschehene Manipulation brachte die erhofften Veränderungen nicht. Mit Sicherheit beeinträchtigte sie aber die Qualität unserer Beziehung. Wenn mein jetziger Mann oder ich eine Veränderung wünschen, dann sagen wir das klar und handeln danach. Das fühlt sich ehrlicher an als meine frühere Art, still zu hoffen, daß mein Partner irgendwie anders werden möge.

Wenn Sie ledig sind und nach einer Beziehung suchen, dann wählen Sie die Situationen, in die Sie sich begeben, und Menschen, auf die Sie sich verlassen, sorgfältig aus. Dehnen Sie Ihre Grenzen aus und suchen Sie neue, interessante Plätze auf. Ich war als Ledige nicht immer mutig genug, um an mir unbekannte Plätze zu gehen, also holte ich mir zur Verstärkung einen »Kumpel«. An vertraute Plätze ging ich manchmal allein.

Ich empfehle den Anschluß an neue Gruppen sehr, auch wenn es anfangs schwierig sein mag. Nehmen Sie an gesellschaftlichen, bildenden oder sportlichen Aktivitäten teil, die für Ihr Wachstum förderlich sind. Natürlich kann sich das eine oder andere als unpassend herausstellen; um das herauszufinden, müssen Sie aber erst einmal experimentieren.

# 8. Übung: Ergründen eigener Wertvorstellungen und Träume

*Wer bin ich? Wohin führt mein Leben? Die Hinterfragung und Beantwortung solcher Fragen ist ein bedeutsamer Aspekt bei der inneren Suche – ein Aspekt, der Ihnen hilft, sich besser kennenzulernen. Eine wichtige Vorbereitung für die Kommunikation mit Partnern und für die Selbsterkenntnis.*

*Folgende Fragen haben mir geholfen, meine eigene Richtung zu klären, und können auch für Sie von Interesse sein. (Diese Übung sollte am besten schriftlich und allein gemacht werden. Sie kann aber auch gesprochen und mit einer befreundeten Person durchgeführt werden.)*

*1. Was war in den verschiedenen Phasen meines vergangenen Lebens wichtig für mich? Was erscheint mir in Zukunft für mich wichtig? Worauf konzentriert sich mein Leben derzeit? Wie lange wird das so bleiben?*

*2. Welche Art von Bildung und Ausbildung habe ich erhalten? Wie nützt mir das heute? Welche Bildung oder Ausbildung hätte ich gern in Zukunft?*

*3. Welche Art von Mensch möchte ich in einem Jahr, in fünf Jahren, in zehn Jahren oder in zwanzig Jahren sein? Was muß ich an mir und an der Nutzung meiner Zeit ändern, um das zu erreichen? Womit kann ich in dieser Woche beginnen?*

*4. Was werde ich bedauern, wenn ich in hohem Alter auf mein Leben zurückblicke, und womit werde ich innerlich zufrieden sein?*

Wenden Sie sich nach diesen Fragen wieder der Idealpartner-Übung zu (1. Übung). Prüfen Sie alle aufgeschriebenen Eigenschaften und entscheiden Sie, ob diese in bezug auf Ihre Lebensziele wirklich Priorität haben. Sie können die Liste entsprechend abändern.

Sind Sie mit den Fortschritten zufrieden, die Sie im Bemühen machen, die Person zu werden, die Sie gern als Partner hätten? Wie wäre ein Leben mit jemandem, der wie Sie ist? Was würden Sie gern tun, um Ihre Attraktivität (für den geliebten Partner oder die Person, die sie anziehen möchten) zu erhöhen?

# 8. Sind Sie beziehungsbereit?

Die übliche Klage von Ledigen lautet: »Wie treffe ich die richtige Person?« Der Punkt ist jedoch, daß zuerst andere Dinge geklärt werden müssen. Es geht um Fragen des *Wollens* und der *Bereitschaft*: »Sabotiere ich meine Chancen in gewisser Weise, ohne daß ich es merke?« und »Tue ich gut daran, die potentiellen Partner/innen, die ich treffe, kennenzulernen?«

Heute kann es sich im Grunde schwierig gestalten, Menschen wirklich kennenzulernen. Viele Generationen lang wurde dies durch gesellschaftliche Ereignisse gefördert. Aber in der heute zunehmend bindungsarmen und höchst flexiblen Gesellschaft haben diese althergebrachten Möglichkeiten, Verbindungen einzugehen, ihre Bedeutung verloren. Mehr denn je leben Menschen allein. Sich verändernde Werte haben die einst maßgeblichen, ungeschriebenen Verhaltenskodizes des Zusammentreffens und Zusammenseins durcheinandergebracht. In den Städten sind sich die meisten Menschen fremd. Überall sind Hunderte von Clubs für Singles und Dienstleistungsangeboten im Bereich Partnervermittlung entstanden, die sich dieses Themas annehmen. Dennoch gehen wir in unserer Gesellschaft mit diesem Problem nicht gut um – dem Bedürfnis von Menschen, passende potentielle Partner in einem angenehmen Rahmen zu finden, wo man sich mehr als nur oberflächlich kennenlernen kann. An anderer Stelle dieses Buches werden wir uns noch näher mit diesem Problem befassen und spezielle Möglichkeiten erörtern. Zunächst jedoch geht es um die Beantwortung der Frage: »Bin ich beziehungsbereit?«

## Selbstsabotage

Neue Partner treffen? Sie haben es versucht. Sie haben es wirklich getan. Sie haben an Ihrem Auftreten gefeilt, Dutzende von Menschen getroffen, alles richtig gemacht. Und doch schlafen Sie alleine, gehen alleine einkaufen und sprechen zum Spiegel statt zu einer Partnerin oder einem Partner. Der Fernseher ist der bedeutendste Teil Ihres gesellschaftlichen Lebens. Die biologische Uhr tickt nicht nur, der Alarm weckt sie nachts auch auf. Sie sind einfach ausgesprochen einsam. Und Sie fragen sich, was Sie falsch machen.

Es ist an der Zeit, sich klar zu machen, daß man sich selbst der ärgste Feind ist und vielleicht schon immer war. Und es ist an der Zeit, sich klar zu machen, daß man sich selbst sabotiert. Hier sind zwei nicht einfache, aber wichtige Fragen, die Sie sich stellen sollten:

## Will ich wirklich eine intime Beziehung?

Spontan werden Sie sagen: Natürlich! Aber sehen wir uns den Preis für eine Beziehung an. Wenn wir uns für eine Sache entscheiden, schließen wir damit zwangsläufig andere Wahlmöglichkeiten aus. Solange wir nicht wählen, können wir über alles mögliche phantasieren. Männer träumen oft von der »perfekten« Frau: blond, mit Kurven, langbeinig, strahlend, lustig. Frauen dagegen träumen vom »idealen« Mann: reich, hübsch, weltmännisch, athletisch, locker. Vielleicht denken Sie nicht in solchen Stereotypen, doch werden auch Ihre Phantasievorstellungen schwinden, sobald Sie sich an jemanden binden. (Wenn Sie jetzt mit einem Partner zusammen sind, kann es aber auch sein, daß Sie sich nicht an die Beziehung binden in der Hoffnung, daß eine bessere kommt.)

Stellen Sie sich vor, der letzte Abend einer besonderen Ferienreise liegt vor Ihnen. Sie wissen, daß Sie an den Ort nie mehr zurückkehren werden. Sie sitzen hungrig in einem Restaurant, und die Speisekarte hält so viele köstliche Gerichte bereit, daß nur eines zu wählen unmöglich erscheint. Aber wenn Sie nicht *irgend etwas* wählen, kann die Erfahrung einer guten Mahlzeit nicht gemacht werden. Der schwierigste Teil bei der Entscheidung ist, auf die übrigen »Gerichte« zu verzichten.

Wenn es nicht die Angst ist, den Traum von der »perfekten« Person aufgeben zu müssen, die uns Beziehungen vermeiden läßt, dann ist es die Angst vor dem Schmerz einer zerbrechenden Beziehung. Oder es ist Schüchternheit oder mangelndes Selbstvertrauen, was Sie in der relativen Annehmlichkeit des Alleinlebens hält. Trifft ein Punkt auf Sie zu, dann haben Sie unbewußt so enge Grenzen gesetzt, daß Sie zwar vorgeben zu suchen, gleichzeitig aber Ihre Phantasien weiterspinnen und nicht wirklich zur Verfügung stehen.

## Wieso sollte ich meine Beziehungen sabotieren?

Wenn wir unsere verborgenen Verhaltensmuster aufdecken, werden wir erkennen, wie wir uns von der Erfüllung unserer Wünsche und Bedürfnisse selbst abhalten. Dabei können wir jedoch auch entdecken, was wir unternehmen, um etwas zu bekommen. Zwei Beispiele sollen zeigen, woran unbewußte Selbstsabotage zu erkennen ist.

Als Heinz das Genogramm (Darstellung der drei Generationen seiner Familie) fertiggestellt hatte, sagte er: »Jetzt bin ich fünfzig und war nie verheiratet – kein Wunder. In meiner Familie sieht das Heiraten für die Männer ziemlich schlimm aus.« Heinz erkannte, daß die Familienstrukturen Angst in ihm ausgelöst hatten und ihn seine Chancen für eine zufriedenstellende Beziehung sabotieren ließen. Beide Großmütter dominierten ihre Familie. Die Großväter arbeiteten schwer, um die Familienmitglieder gut zu versorgen. Aber sie waren jung gestorben. Als Heinz jung war, litt seine Mutter aufgrund des Familienstresses an einer psychosomatischen Krankheit. Sein Vater hatte neben der sehr schweren Arbeit als Ernährer häusliche Pflichten zu übernehmen. Auch er starb jung. Nach Heinz' Ansicht führte niemand in seiner Familie eine befriedigende Ehe.

Er nahm an meinem Workshop teil, um eine Ehepartnerin finden zu lernen, entdeckte jedoch schnell, daß er als erstes andere Probleme zu lösen hatte. Er erkannte, daß die »vergessenen« negativen Familienbotschaften über die Ehe noch immer in seinem Unterbewußtsein weiterwirkten. Sie waren es in der Hauptsache, die ihn an einer engagierten Beziehung hinderten. Sein Problem war also, daß ein Teil von ihm keine Partnerin *wollte*. Er mußte erst diese Programmierung ändern, bevor er an eine Ehe denken konnte.

Dave ist ein anderes Beispiel für die Sabotage einer erfolgreichen Beziehung. Der Verkäufer nahm oft an Partys teil, auf denen er einen guten Eindruck machen mußte. Er wollte eine »gutaussehende« Frau, mit der er auf diesen gesellschaftlichen Anlässen Eindruck machen konnte. Also waren seine Anforderungen an die ideale Partnerin, daß sie schön und mondän sei. Seine Beziehungsgeschichte deckte dann eine Reihe relativ oberflächlicher und kurzlebiger Affären auf.

Nach Abschluß der 8. Übung (Ergründen eigener Wertvorstellungen und Träume) erkannte er überrascht, daß sein größter Wunsch eine Familie war und nicht Mondänität. Als er sich als älteren Mann visualisierte, der auf sein Leben zurückblickte, sah er sich von Enkeln umgeben. Es wurde ihm also bewußt, daß er sich durch die Wahl unpassender Frauen von seinen eigentlichen Wünschen fernhielt. Er begann seine Kriterien zu ändern und suchte eine Frau, die eine gute Mutter und Lebensgefährtin war. Es handelte sich noch immer um attraktive Frauen, aber er nahm sie anders wahr. Folge seiner neuen Sichtweise war, daß er Frauen als ebenbürtig behandelte und nicht mehr als »Objekte«. Dadurch verbesserte sich die Qualität seiner Beziehungen; sie wurden tiefer und befriedigender.

Die beiden Beispiele zeigen, wie sich Menschen erfolgreich von tiefen Beziehungen abhalten können. Hat ein Teil in uns Angst vor dem Risiko einer engagierten Beziehung und muß sich daher schützen? Fürchten Sie, eine frühe Familiensituation in ihrem jetzigen Leben zu wiederholen? Wurden Sie als Kind emotional oder sexuell belästigt oder mißbraucht? Oder hatten Sie andere schmerzliche Erfahrungen mit Sexualität oder Intimität?

Man kann sich vor den Gefahren (und der Erfüllung) einer Liebesbeziehung in vieler Hinsicht schützen. Dazu gehört auch, sich bewußt weniger attraktiv zu geben, als man ist. Man ist übergewichtig, kritiksüchtig, überängstlich, zu sehr klammernd, sich nur kurzfristig bindend, auf Distanz bedacht durch den Anspruch auf »Raum« und/oder Zeit. Die Liste solcher Verhaltensweisen ist lang. In gewissen Situationen können sie auch absolut angemessen und verständlich sein. Wenn sie aber zum ständigen und Beziehungen zerstörenden Muster werden *und Sie dennoch eine Beziehung wollen*, dann sabotieren Sie sich unbewußt selbst.

Es handelt sich hier um einen Bereich, in dem meist mehr als eine innere Stimme oder ein Persönlichkeitsanteil vernommen wird. Eine bestimmte Stimme beklagt sich zum Beispiel: »Ich bin so einsam! Ich sehne mich so sehr nach einer Liebesbeziehung! Warum sind meine Freundinnen und Freunde in Partnerschaften zusammen – nur ich nicht? Es gibt einfach keine guten Partner/innen. Ich habe keine Hoffnung, jemanden zu finden, so sehr ich es auch versuche.« Eine andere innere Stimme sagt dagegen (vielleicht heimlich): »Machst du Witze? Ich riskiere doch nicht wieder die Schmerzen und Einengungen, die ich in der Nähe zu einer anderen Person erlebt habe. Sicher klingt es gut, jemanden zu haben, aber das ist zu riskant, zu fürchterlich. Ich kann mich zwar umschauen, aber ich gehe nicht wieder in die Falle. Es ist viel einfacher, allein zu sein.« Diese Standpunkte verschiedener Stimmen in unserem Inneren sollten nicht leichtgenommen werden, denn manche von ihnen oder vielleicht sogar alle sind wohlbegründet. Sie können signalisieren, daß Sie erst alte Wunden heilen und dann neue Beziehungen aufnehmen sollten.

## Stellen Sie sich vor, Sie treffen jemanden, mit dem Sie wirklich zusammensein wollen

### Eine neue Person effektiv kennenlernen

Durch gemeinsame Aktivitäten, die reale Möglichkeiten bieten, sich miteinander vertraut zu machen, können Sie eine neue, für Sie interessante Person besser kennenlernen. Ein langer Spaziergang bietet die Gelegenheit zum Sprechen. Zum Essen ausgehen ist teuer, läßt jedoch mehr Zeit zum Plaudern als ein Theater- oder Kinobesuch. Wenn Ihre neue Bekanntschaft an etwas Einfachem und Preiswertem nicht sehr interessiert ist, klärt das vielleicht bereits eine Hauptfrage in Ihrem Sondierungsprozeß.

Es bieten sich viele Möglichkeiten, wichtige Entscheidungen zu treffen. (Unser Kopf, Herz und Körper beherbergen eine Menge unbewußter Daten über romantische Möglichkeiten.) Die Liste der Idealpartner – die in dem Maß eine Aktualisierung erfährt, wie Sie sich und andere kennenlernen – kann beim Herausfinden des wirklich Wichtigen hilfreich sein. Wenn Sie sich zu einer Person echt hingezogen fühlen, deren Eigenschaften nicht Ihrem Idealbild entsprechen, dann suchen Sie die Gründe dafür. Vielleicht haben sie mit Ihrer Herkunftsfamilie zu tun, vielleicht ist Ihre Liste nicht realistisch.

Von großer Wichtigkeit ist, sich zum Kennenlernen wirklich Zeit zu nehmen. Wir alle versuchen, eine neue Person zu beeindrucken. Allerdings müssen wir darauf achten, uns im Lauf der sich anbahnenden Beziehung an die Wirklichkeit zu halten, nicht an Image und Täuschung.

Wie läßt sich nun ein neues Gegenüber besser verstehen? Eine ausgezeichnete Möglichkeit bietet die Einführung in den jeweiligen Familien- und Freundeskreis. Durch die Arbeit an dem eigenen Familiensystem und an der eigenen Beziehungsgeschichte sind Sie für die

Geschichte des neuen Personenkreises sensibilisiert. Was empfindet die andere Person gegenüber ihrer Mutter, ihrem Vater? Gab es bedeutende Verletzungen, Verluste? Waren die Geschwister eine Freude, ein Problem? (Wir alle haben Probleme in unserer Vergangenheit. Am wichtigsten ist jedoch unsere Haltung, aus den Fehlern zu lernen, optimistisch zu sein, sich ändern und wachsen zu wollen.)

Welche Liebes- und Familienerwartungen hat die andere Person durch ihre Lebenserfahrung entwickelt? Was können Sie aus ihrer Beziehungsgeschichte lernen? Es sollte nicht schwer sein, solche Informationen zu bekommen, da die meisten von uns gern über sich sprechen, wenn sie echtes Interesse spüren. Achten Sie darauf, gute Fragen zu stellen und *hören Sie den Antworten gut zu.* Achten Sie auf frühere Bemühungen, aus den Schicksalsschlägen zu lernen. Seien Sie klar in Ihrer »Befragung« und Beobachtung. Beispiel: Wenn in Ihrer Familie Suchtabhängigkeit ein Problem war, dann achten Sie darauf, wie die neue Person in »stressigen« Situationen reagiert. Mehr Drinks? Mehr Arbeit? Rückzug? Über die Streßursachen sprechen (zu Ihnen oder anderen)? Welche zusätzlichen Möglichkeiten?

Die andere Seite der »Befragung« ist, sich selbst zu erkennen zu geben. Sie müssen nicht gerade bei der ersten oder dritten Verabredung Ihre Fehler oder Vergangenheitsprobleme »beichten«, aber Sie können bei sich vertiefendem Interesse offener werden. Echtes Vertrauen baut auf Ehrlichkeit, nicht auf Verstellung auf. Wenn Sie bereit sind, über Ihr Leben zu sprechen, wird sich Ihr Gegenüber wahrscheinlich auch öffnen.

## Wie künftigen Partner/innen begegnen?

Im Interesse eines guten Familienlebens muß die Partnerwahl unbedingt überlegt getroffen werden. Derartige Entscheidungen gehören zu den wichtigsten in unserem Leben. Meist werden dabei jedoch äußerst willkürliche Methoden angewendet. Vor allem Großstädte bieten zahlreiche Möglichkeiten, künftige Partner/innen zu treffen. Aber die Rahmenbedingungen sind oft nicht dazu angetan, daß die Menschen sich so authentisch verhalten, daß man sie wirklich kennenlernen kann. Eine meiner Klientinnen, eine attraktive, im Vorjahr geschiedene Endvierzigerin, berichtete über ihre Erfahrung mit einer Veranstaltung für Singles:

»Ziel ist, möglichst viele Menschen des anderen Geschlechts zu treffen. Ich gehe also zu dem für diesen Anlaß ausgeschriebenen Restaurant. Ich unterschreibe, zahle und erhalte ein Namensschild. Das ist der einfache Teil. Dann sehe ich mir die Szene an. Sehr viele Männer sind da. Der lange Raum ist überfüllt und durch die Tanzmusik und die Stimmen der Leute, die den Lärm zu übertönen versuchen, sehr laut.

Sehen wir mal, besorgen wir uns etwas zu trinken und zu ›mampfen‹. Gerüstet mit einem freundlich-entschlossenen Ausdruck gehe ich in Richtung Bar, vorbei an erwartungsvollen Gesichtern, geschäftigen Händen und nervösen Füßen. Ich schaue alle Männer an, obwohl ich vorgebe, es nicht zu tun. Ich gehöre zur älteren Riege, also lasse ich die jüngeren aus.

Die meisten haben sich noch nicht zu Paaren zusammengefunden. Ich nehme ein alkoholfreies Getränk. Kein Alkohol. Ich brauche alle meine Sinne. Ich ergattere einige Stücke rohe Zucchini und Karotten und einen dünnen Dip auf einem Papierteller. Alles schmeckt gleich – und trifft meinen Magen, als gehörte es nicht dort hin. Was nun? Ich sehe mich um und wünsche inbrünstig, ein Mann würde auftauchen und mir die Anspannung nehmen, allein inmitten all dieser Leute zu stehen, von denen die meisten mit jemandem zu sprechen scheinen. Ich sage mir: ›Hol tief Luft und schau dir die Situation an. Du bist eine intelligente, attraktive Frau. Wen möchtest du gern treffen, und wie kannst du eine Unterhaltung beginnen?‹

Ich sehe mich um. Ich fühle mich nicht besser. Neben mir steht eine Frau, die freundlich scheint. Ich spreche sie an. Das ist besser. Jetzt rede ich mit *jemandem*. Sie erzählt von anderen Singles-Treffen. Nach einigen Minuten verflüchtigen sich die Schmetterlinge in meinem Bauch und ich denke: »Deswegen bin ich nicht hier. Also besser weitermachen.«

Während die Frau spricht, betrachte ich mir die Männer. Ich sehe einige Möglichkeiten. Meine neue Bekannte und ich trennen uns in schweigendem Einverständnis. Wieder allein, entdecke ich einen interessant aussehenden Mann und gehe hinter ihm her zur Tanzfläche. Als ich dort ankomme, taucht eine hübsche junge Frau neben ihm auf und fragt: ›Wollen Sie tanzen?‹ So weit also dieser. Ich stehe da und hoffe, daß ich so aussehe, als würde mir die Musik gefallen. Ich liebe es zu tanzen und hasse es, als Zuschauerin zu fungieren. Hier sind alle zu Paaren. Also besser herumwandern. Ich fühle mich etwas lächerlich, langsam durch die Menge zu gehen. Ich sehe, wie meine neue Bekannte mit einem Mann spricht. Gut für sie! Sie versteht es, sich durch einen Raum zu arbeiten! Ich auch – jedenfalls in meinem Kopf!

Ich sehe eine weitere Möglichkeit: ein gutaussehender Mann. Small talk. Er ist nicht so klug wie er aussieht. Und er ist nicht sehr interessiert. Ich auch nicht. Ich wandere weiter. Dort ist meine Bekannte, sie spricht mit einem anderen Mann. Sie winkt mich heran und stellt mich vor. Wir sprechen. Wir können uns bei der Musik und dem Geplapper nur schwer verständigen. Die Bekannte verläßt uns und dreht ihre Runden weiter. Der Mann ist interessant, und wir haben auch einiges gemeinsam. Ah! Dafür kam ich hierher. Ich genieße es, diesen netten Menschen kennenzulernen. Der Raum, der mir zunächst als unangenehme Anhäufung von Hindernissen erschien, kommt mir auf einmal als einladender Ort vor. Ich denke, ich lasse mir seine Telefonnummer geben, statt ihm meine zu geben. Dann kann ich ihn anrufen, wann ich will, und muß nicht darauf warten, daß er sich meldet.

Als ich nach Hause fahre, habe ich gemischte Gefühle. Es muß doch bessere Möglichkeiten geben! Wenn der für mich perfekte Mann da gewesen wäre, hätte ich es gar nicht gewußt. Es machte mich verlegen, daß mich die Situation auf dieses Niveau sozialer Unsicherheit reduzierte. Der Mann, den ich getroffen habe, mochte interessant sein, aber meine Reaktion war vielleicht nur Erleichterung, *überhaupt* jemanden getroffen zu haben. Ich sage mir: ›Du mußt ausgehen und Leute treffen.‹ Aber ich hoffe, daß es das allerletzte Mal war, daß ich mich einer solchen Erfahrung ausgesetzt habe! Welche anderen Möglichkeiten gibt es?«

## Zwanglose Treffen bei regelmäßigen Aktivitäten

Natürlich können Sie durch bestimmte Aktivitäten oder Situationen, in denen Sie bereits stehen (Arbeit, Soziales, Berufsorganisationen), Menschen kennenlernen. Freunde (oder Freunde von Freunden) sind ebenfalls eine gute Gelegenheit, solange Sie wissen lassen, daß Sie interessiert sind. Es ist gut, mit Menschen auszugehen, mit denen man vom Alltag her bereits vertraut ist. Das muß für Sie natürlich nicht das Optimale sein. Geben Sie sich aber nicht mit Menschen ab, die nicht zu Ihnen passen – nur weil sie in Ihrer Nähe sind.

Trotz aller Einschränkungen haben die speziell für Singles vorgesehenen Veranstaltungen den einen Vorteil, daß Sie und alle anderen Beteiligten ihre Bereitschaft demonstrieren, neue, potentielle Partner/innen treffen zu wollen. Betty beklagte beispielsweise ihre Schwierigkeiten, passende Männer zu finden. Ich war überrascht, denn sie war jung, attraktiv und kontaktfreudig. Ich fragte sie, was sie für ein Zusammentreffen tue. Sie sagte: »Es gibt Männer in der Arbeit. Natürlich sind die meisten von ihnen verheiratet. Ich gehe auf Partys und Hochzeiten, wenn ich eingeladen bin, aber die meisten Männer haben schon jemanden. Ich gehe nicht zu diesen Singles-Sachen. Das sieht so nach Verzweiflung aus.«

»Verzweiflung« – eines jener vielen Gefühle, das besagt, daß es romantischer ist, jemanden »zufällig« zu treffen. Und es ist sogar etwas verpönt zuzugeben, daß man potentielle Partner treffen will. Die Wahl einer Lebensgefährtin oder eines Lebensgefährten ist aber eine der wichtigsten und komplexesten Entscheidungen überhaupt und erfordert ganze Aufmerksamkeit. Eine Reihe möglicher Partner zu treffen, ist Teil dieses Prozesses.

Mein Mann Fred und ich trafen uns auf einer Fachkonferenz. Unsere Situation war nicht einfach, da wir in mehrere Stunden voneinander entfernt liegenden Städten lebten. Insbesondere am Anfang mußten wir uns auf kurze Zeitabschnitte konzentrieren. Es war uns beiden bewußt, daß kurze, intensive Besuche eine unrealistische Liebesatmosphäre schaffen können.

Ich hatte meine Liste vom Idealpartner so verfeinert, daß ich wußte, daß er die aufzubringende Mühe und Geduld wert war. Ich kannte meine eigenen Verhaltensmuster genügend; ich wußte, worauf ich achten mußte. Und ich war gewillt, die notwendige Zeit zuzulassen, um sicher zu sein, daß wir zueinander paßten. Schließlich zog ich von Südkalifornien nach Nordkalifornien in die Stadt, in der er lebte (eine Gegend, in der ich früher bereits gelebt hatte und in die ich zurückkehren wollte – noch bevor wir uns trafen).

Wir kamen uns in den beiden Jahren, in denen wir hin- und herpendelten, näher. Wir lernten unsere Familien und Freunde kennen. Bevor wir eine Bindung eingingen, wollten wir noch mehr Zeit in direkter Nähe miteinander verbringen. Ich mietete also fünf Minuten von ihm entfernt eine Wohnung. Wir versuchten, uns jetzt mehr im Alltag kennenzulernen. Zudem besuchten wir auch einige Intensiv-Workshops für Paare, die uns eine unschätzbare Hilfe bei der Bewältigung der unvermeidlichen aufkommenden Fragen und Schwierigkeiten waren. Unser Entschluß, eine Bindung als Paar einzugehen, wurde nach reiflicher Überlegung gefaßt. Natürlich hatten wir auch viel Freude. Es war ganz zauberhaft, sehr speziell und voller Romantik! Aber es gab auch eine sehr vernünftige Art, mit dieser äußerst wichtigen Entscheidung umzugehen.

Regelmäßige Aktivitäten bieten Gelegenheiten zum Kennenlernen potentieller Partner. Ein Beispiel ist das Internet. Die Computervernetzungen werden den Markt für Partnervermittlungen künftig verändern. (Kürzlich kam das erste Paar zu mir, das sich »online« kennengelernt hatte.) Allerdings darf man nicht vergessen, daß – wie von den Medien ausführlich belegt – Menschen aufgrund der totalen Anonymität ein ganz falsches Bild von sich erfinden und präsentieren können. Lassen Sie sich auf niemanden ein, ohne vorher die aufrichtigen Absichten gründlich überprüft und sich viel Zeit gelassen zu haben, die betreffende Person in echten Lebenssituationen kennenzulernen.

Wenn die oben genannten, etwas von der üblichen Routine abweichenden Methoden bei Ihnen nicht ergiebig sind, dann gibt es noch andere Alternativen.

## Partnervermittlungen per Computer

Vermittlungsdienste, die per Computer Partner vermitteln, nehmen stark zu. Wenn Sie diese Vermittlungsart wählen, suchen Sie nach einer mit vielen Mitgliedern, solider Finanzlage und Personal. Informieren Sie sich, wie das Personal Mitgliedern hilft, denn manches Personal kennt die Leute und kann Ihnen behilflich sein, geeignete Möglichkeiten ausfindig zu machen.

Bei anderen müssen Sie enorme Mengen umfangreicher Eintragungen allein durcharbeiten. Für einen Eintrag sind Fragen über Hobbys, Arbeit und Familie zu beantworten. Sie können ebenfalls Lieblingsfotos vor einem Hintergrund Ihrer Wahl einfügen. Auch ihr eigenes, auf Videoband aufgenommenes Interview kann in manchen Fällen angeboten werden, das heißt, daß auch Sie die Videos anderer Personen ansehen können. Wahlweise werden auch Persönlichkeitstests und Fragebögen zu Wertvorstellungen angeboten, aber finden Sie heraus, ob Sie diese allein interpretieren müssen. Nach dem Sichten und Auffinden einer ansprechenden Person in den Notebook-Seiten und Videos füllen Sie den Antrag aus und schicken ihn an den Partnervermittlungsdienst.

Wollen Sie dann jemanden treffen, erfährt dies die betreffende Person durch die Partnervermittlung. Eine Antwort wird an Sie weitergeleitet. Dann findet ein Austausch von Telefonnummern statt. Ein Vorteil dieses Systems ist, daß Frauen genauso frei in ihrer Wahl sind wie Männer. Zudem gibt es nicht die wie bei persönlicher Kontaktaufnahme üblichen Verlegenheiten oder den Druck, »ja« sagen zu müssen. Natürlich hat dieser Vermittlungsdienst auch seinen Preis.

Wenn Sie einem Vermittlungsdienst beitreten und nur darauf warten, daß das Telefon klingelt, dann lohnt sich die Investition vermutlich nicht. Sie sollten für Ihr Geld alle Möglichkeiten ausschöpfen. Denn wenn Sie nicht in das übliche Klischee passen, müssen Sie auch hier mit vielen Ablehnungen rechnen. Typischerweise suchen Männer jüngere, schöne Frauen und Frauen erfolgreiche, gutaussehende Männer. (Wenn Sie nicht in diese Kategorien passen, sollten Sie auch nicht in diese Art von Service investieren. Suchen Sie statt dessen Treffpunkte, wo Sie sich individuell präsentieren können.) Treffen Sie dann jemanden persönlich, empfiehlt sich meist eine öffentliche Lokalität – was sich besonders bewährt, wenn sich die betreffende Person als unangenehm herausstellt.

Die Überlegungen hinsichtlich Ihrer Präsentation und die Festlegung Ihrer Erwartungen machen den Beitritt zu einer Partnervermittlung sinnvoll. Vergessen Sie aber nicht, daß Sie das auch anders (und ohne den Preis) tun können.

## Gruppen mit speziellen Interessen

Es gibt auch einfachere Singles-Organisationen, die Menschen mit speziellen Interessen zusammenbringen (in den USA zum Beispiel die »Advanced Degrees« oder »Sierra Singles«). Dazu gehören auch Kirchengruppen. Sportorientierte Gruppen (Skilaufen, Tennis, Wandern und Bergsteigen) bieten hervorragende Möglichkeiten, Menschen mit gleichen Interessen zu treffen. Auch gewisse Musik- oder Kunstgruppen veranstalten Ausflüge für Singles. Eine der verbreitetsten und erfolgreichsten Single-Gruppen in den USA sind »Eltern ohne Partner«. Diese Gruppen bieten Alleinerziehenden Aktivitäten, die Kinder einbeziehen oder ausschließlich für Erwachsene sind. Angeboten werden Partys, Picknicks, Ausflüge sowie Vorträge über Elternschaft und andere interessante Themen. Die Kosten sind gering. Diese Organisationen stehen meist im Telefonbuch.

Manche Gruppen verfügen über Listen mit »Kurzanzeigen«. Aus diesen wählen Sie Personen aus, über die Sie mehr erfahren möchten und fordern dann die »Gesamtanzeige« an, aus der Sie weitere Informationen einschließlich Adresse und/oder Telefonnummer ersehen können. Dann steht einer Kontaktaufnahme und einem möglichen Treffen nichts mehr im Weg. Andere Gruppen bieten Abendveranstaltungen, Sportteams, Turniere oder Reisen an, wo Sie Menschen treffen, die zumindest ein Interesse gemeinsam haben. Diese Gruppen sind viel preiswerter als die Computerdienste, da sie meist kein Büro führen. Um sie ausfindig zu machen, müssen Sie mit anderen Alleinstehenden sprechen oder auf Anzeigen in Zeitungen, Handzettel oder ähnliches achten.

## Gesellige Abendessen

Es gibt auch Gruppen, die Alleinstehende zum Abendessen einladen. Interessierte machen eine Reservierung, zahlen eine Gebühr und nehmen dann an dem Ereignis teil. Zwischen den einzelnen Gängen werden sie gebeten, die Stühle zu wechseln, so daß insgesamt ein größerer Austausch unter den Anwesenden erleichtert wird – eine Struktur, in deren geschützter Atmosphäre eine Vielzahl einander unbekannter Menschen miteinander ins Gespräch kommen. Solche Gruppen werben für sich in einschlägigen Zeitungen, oder sie werden durch Mundprogaganda bekannt. Es empfiehlt sich jedoch auch hier, andere Alleinstehende darauf anzusprechen, da diese Gruppen auf persönliche Referenzen sehr großen Wert legen.

## Eigene Kontaktanzeigen

Eine weitere Möglichkeit sind Veröffentlichungen eigener Kontaktanzeigen in Zeitungen und Zeitschriften. Dies ist für seriöse Anzeigen eine sichere Art, da die bei den Zeitungs- oder Zeitschriftenverlagen eingehenden Antworten direkt an Sie weitergeleitet werden. Auch hier können Sie die betreffende Person zum Essen in einem Restaurant treffen oder einfach am Telefon mit ihr sprechen. Mit dieser Methode erleben Sie weniger Ablehnungen, da Ihnen nur wirklich Interessierte antworten werden. Bei der Überprüfung der »Bewerber/innen« können Sie sehr kritisch vorgehen. Auf jeden Fall werden sich auf eine gute Anzeige Interessierte melden. Ich kenne glückliche Paare, die sich auf diesem Weg gefunden haben.

## Strukturierte Gruppentreffen

Eine ausgezeichnete Methode, mit neuen Leuten bekanntzuwerden, stellen differenziert strukturierte Gruppentreffen für Singles dar, bei denen die teilnehmenden Personen etwas über andere Teilnehmer erfahren. »The Meeting Place« ist eine solche Gruppe mit Stammsitz an der amerikanischen Ostküste. (Ich besuchte eines der Abendtreffen in Los Angeles, das von »The Learning Annex« gesponsert wurde.) Die Aktivitäten werden so geplant, daß die Teilnehmer noch vor Ablauf des Abends die Gelegenheit hatten, mit fast allen Anwesenden eine kurze Unterhaltung zu führen. Sie werden in häufig wechselnde Gruppen von vier bis sechs Personen eingeteilt. Listen mit Fragen werden ausgegeben, die von allen beantwortet werden müssen. Die Fragen sind aufgezeichnet, so daß die Leute bereit sind, etwas Echtes über sich zu sagen.

Noch vor Ende des Abends war mir in einer solchen Gruppe klar, daß ich über viele Leute etwas erfahren hatte und es sich um eine erstaunlich interessante und unterschiedliche Ansammlung von Menschen handelte. Wie anders dagegen die unstrukturierten Single-Treffen, wo ich nur mit wenigen Leute gesprochen habe und obendrein die laute Musik eine gute Unterhaltung meist unmöglich machte. Während obige Form von Veranstaltung – die ich als eine intelligente Art, neue Menschen kennenzulernen, empfinde – das Potential für große Popularität birgt.

## Die eigene Gruppe aufmachen

Wenn Sie rührig sind, können Sie Ihre eigenen Veranstaltungen planen und Ihre alleinstehenden Freunde und Bekannten zusammenbringen. Ich weiß von einer Frau, die improvisierte Abendessen für Freund/innen und Freunde von Freunden organisierte (*potluck dinners*). Die Frauen brachten etwas zu Essen mit, und ein alleinstehender Freund stellte während des Essens die übrigen Teilnehmer einander vor.

## Vorstellungsagentur

Unternehmen dieser Art gehen aufmerksamer auf die jeweiligen persönlichen Bedürfnisse ein und sprechen beschäftigte Menschen oft sehr an. Manche stehen auch für spezielle Interessen, zum Beispiel klassische Musik, zur Verfügung. »Together« ist eine solche Agentur mit Ursprung in Ashland/Massachusetts mit einigen angeschlossenen Agenturen in anderen Staaten der USA. Sie stützt sich auf ausgewählte »Berater«, die ein Gespür und Einfühlungsvermögen für die individuellen Bedürfnisse von Menschen haben. Beeindruckt hat mich, daß die Leute vor ihrem Zusammentreffen keine Fotos voneinander sehen dürfen. Dieser Service legt Gewicht auf gemeinsame Interessen, Wertvorstellungen und Temperamente, die durch Tests und Interviews bestimmt werden. Fünf speziell ausgewählte Unternehmungen werden für einen festgesetzten Preis angeboten.

Diese Art Agenturen sind wegen ihrer persönlichen Betreuung etwas teuerer als andere. Bevor Sie sich einschreiben, sollten Sie die Anzahl der Mitglieder, ihre erfolgreiche Zusammenstellung und die Finanzkraft des Unternehmens überprüfen. Wenn Sie zu beschäftigt oder zu schüchtern sind, Leute auf andere Weise kennenzulernen, oder wenn Sie spezielle Bedürfnisse haben, dann kann das eine gute Investition sein, vorausgesetzt, Sie können es sich leisten. Dieser Service eignet sich jedoch nur für Menschen, die ernstlich eine dauerhafte Beziehung suchen.

Die Wahl einer partnerschaftlichen Beziehung ist eine lebensverändernde Entscheidung und erfordert Informationen über Möglichkeiten, potentielle Partner/innen zu treffen. Genauso wichtig ist es jedoch, zu wissen, auf welche Arten von Beziehungen man sich einlassen kann – das Thema unseres nächsten Kapitels.

# 9 Abhängigkeit oder Partnerschaft – der Unterschied

Stellen Sie sich vor, bei einer Versammlung Paare zu beobachten. Dabei entdecken Sie folgendes: Menschen, die offensichtlich unfähig sind, sich nicht ständig zu berühren. Andere wandern entspannt durch den Raum und sehen sich nur gelegentlich an. Wiederum andere flirten lebhaft mit verschiedenen Leuten. Und wiederum andere stehen abseits von der Menge und sprechen ernsthaft miteinander.

Welche Partner geben den Hinweis auf eine angenehme, sichere Beziehung und welche fühlen sich unerfüllt und unsicher? Welche Paare sind einander angenehm zugetan und welche befinden sich in einer abhängigen Beziehung? Läßt sich das aus einer oberflächlichen Beobachtung ableiten? Wüßten die Betroffenen den Unterschied zwischen Abhängigkeit und partnerschaftlicher Verpflichtung, wenn Sie sie fragten? Vermutlich nicht.

Dieses Kapitel bietet einige Anhaltspunkte, wie Sie Fragen dieser Art (in bezug auf eine aktuelle oder künftige Beziehung) selbst beantworten können. Zunächst aber werden Sie sich fragen: »Wieso partnerschaftliche Verpflichtung?« Das Wort löst oft ängstliche Assoziationen aus, insbesondere wenn man einen Blick auf die Scheidungsstatistiken wirft oder sich an die schmerzlichen eigenen Beziehungserfahrungen oder die der Eltern erinnert.

## Warum partnerschaftliche Verpflichtung?

Partnerschaftliche Verpflichtung ist kein Synonym mehr für Ehe. Viele Paare wählen heute eine Partnerschaft ohne Eheschließung.

Die Entscheidung für eine Heirat wird durch Beziehungsgeschichte, Familienwerte, finanzielle Überlegungen, Alter und Religion kompliziert. Im Gegensatz zu den 1950er Jahren und früher ist es heute eine persönliche, nicht unbedingt garantierte Entscheidung. Fred und ich verbrachten zum Beispiel viel Zeit damit, über die Heirat, die rechtlichen und finanziellen Aspekte und auch über unsere persönlichen Gefühle nachzudenken. Letztlich gaben unsere Familienwerte den Ausschlag. Eines Tages fragte mein vier Jahre alter Enkel über den Tisch herüber: »Warum seid ihr nicht verheiratet? Ihr habt euch doch ausgesucht.« Weder Fred noch ich hatten für ihn eine passende Antwort. Denn alle Paare, die er kannte, waren verheiratet.

Aber für uns kam die partnerschaftliche Verpflichtung vor dem Gedanken an eine Heirat. Mit »partnerschaftlicher Verpflichtung« meine ich die wohlüberlegte und beabsichtigte Entscheidung, einer langfristigen Beziehung den Vorrang vor einer kurzfristigen, oft mit widersprüchlichen Bedürfnissen verbundenen Beziehung zu geben. Diese Absicht bildet den Beziehungsrahmen. Mit dem sicheren Wissen, daß ein Partner den anderen nicht verlassen wird, stellt sich die Freiheit ein, absolute Ehrlichkeit und Verletzlichkeit zu riskieren. Durch die partnerschaftliche Verpflichtung weiß jeder, daß es die erforderliche Zeit geben wird, wenn emotionale Heilung notwendig wird; sie kann sich also allmählich vollziehen. Für jeden Partner existiert die Sicherheit, sich und den anderen erkunden und das große Risiko wagen zu können, Wünsche und Bedürfnisse direkt zu äußern. Es existiert eine Sicherheit, die man vom anderen bekommen wird und man lernen kann, sie dem anderen entsprechend zu geben. Äußerst wichtig kann folgende Verständigung sein: »Wenn ich dir gebe, dehne ich meine Grenzen aus und trage damit auch zu meinem eigenen Wachstum und Heilungsprozeß bei. Ich wähle dich aufgrund deiner Unterschiede und deiner Ähnlichkeiten mit mir. Auch wenn mir dieses Ausdehnen meiner Grenzen bisweilen schwerfällt, schätze ich dich wegen der Herausforderung, die deine Bedürfnisse für mich darstellen.«

In früheren Kapiteln sagte ich, daß es die Anziehungskraft, die sogenannte *Chemie* sei, die man bei der erregenden Herausforderung durch eine neue Person spürt. Diese stellt sich wohl mit dem unbewußten Wunsch ein, endlich die Art von Erfüllung zu finden, die man als Kind ersehnte. Romantische Intimität kann diese emotionale Erfüllung ermöglichen. Das ist zwar aufregend, aber genau diese Qualität kann der heute erwachsenen Person erneut Probleme verursachen – und zwar in der gleichen Art wie damals in der Kindheit. Das ist wiederum gefährlich!

Partnerschaftliche Verpflichtung enthält die Möglichkeit für notwendige Korrekturen. Abhängigkeit beinhaltet dagegen das alte, schmerzbringende Muster, das man früher im Leben erfahren hat. Beispiel:

## Andy und Ruth

Ruth und Andy, ein verheiratetes Paar in ihren zwanziger Jahren, suchten wegen ihrer ständig wiederkehrenden Streitigkeiten Hilfe bei mir. Wir untersuchten zunächst, ob ihre Ehe der ihrer Eltern ähnlich war.

Ruths Wahrnehmung von der Ehe ihrer Eltern (sie endete in einer Scheidung) war, daß die Mutter ständig ihre eigenen Bedürfnisse zurückstellte, um ihrem Mann zu gefallen. Ruth traf daher eine wichtige Entscheidung: In ihrer Ehe würde sie stark sein, niemals so schwach wie die Mutter. Für Andy war die Mutter die Starke in der Ehe seiner Eltern, der Vater der Versöhnliche und Entgegenkommende. Andy spürte, wie sich bei ihm ein Harmoniegefühl einstellte, wenn er wie sein Vater war und sich der Kontrolle der Mutter unterwarf.

Andy und Ruth erkannten während der Therapiearbeit allmählich, daß ihre beiden Vergangenheiten bei der Heirat wie Teile eines Puzzles zusammenpaßten. Ruth, die nie schwach sein wollte, wählte sich jemanden, der versöhnlich war und ihr nicht widersprechen würde. Andy, der es gelernt hatte, versöhnlich zu sein, wählte eine kraftvolle Frau, die stark sein und Verantwortung tragen würde. Sie paßten perfekt zusammen. Als die Flitterwochen vorüber waren, entdeckte Ruth, daß Andys nachgiebige Tendenz, die ihr so gefiel, ein Gefühl der Machtlosigkeit verdeckte. Er neigte dazu, sich schützend zurückzuziehen, so daß sie keine Nähe zu ihm herstellen konnte. Andy bemerkte, daß Ruths kontrollierende Tendenz nicht so sehr das Ergebnis echter Stärke war, sondern eher ein Kompensieren ihrer Unsicherheit. Als sie nicht mehr an der Oberfläche ihrer Beziehung lebten und die Gefühle der Machtlosigkeit und Unsicherheit auftauchten, sahen sie sich vor die Wahl gestellt, Schluß zu machen, sich scheiden zu lassen und neue Partner zu suchen (mit denen sie dieselben Probleme haben würden). Oder sie ergriffen die Gelegenheit, an ihrem Streiten zu lernen und zu wachsen. Da sie einander *verpflichtet* waren und ihre Ehe unbedingt zum Funktionieren bringen wollten, entschieden sie sich, aus ihren Unterschieden zu lernen.

Andys Warmherzigkeit und Versöhnlichkeit rundeten Ruths harte Kanten. Ruths freimütige Art lehrte Andy, mit seinen Gefühlen ehrlicher umzugehen. Seine wachsende Offenheit ließ ihn seinen Gefühlen gegenüber bewußter werden. Er wurde autonomer und selbstsicherer und entdeckte, daß er für sich allein einstehen mußte, selbst wenn das zum Streit führte. Er mußte von Ruth Direktheit lernen, statt sich einschüchtern zu lassen. Ruth erkannte, daß sie ihre Direktheit mäßigen und Andys Meinung respektieren mußte, statt ihn zu kontrollieren, wie es seine Mutter getan hatte.

Wären sie einander nicht verpflichtet gewesen, hätte Ruth sich immer mehr über seine »Schwäche« erbost. Und Andy hätte sich immer weiter ihrer Barschheit entzogen. Schon bald wäre seine ursprünglich anziehende sanfte und liebevolle Art zu echtem Rückzug und ihre Stärke und Offenheit zu echter Dominanz geworden. Die Ehe hätte sich in eine Katastrophe verwandelt.

Die partnerschaftliche Verpflichtung machte den Unterschied zwischen der potentiellen Katastrophe und einer erfüllenden und reifenden Beziehung aus. Sie beinhaltete die Bereitschaft, aus den Verschiedenheiten zu lernen, statt schmerzvolle Muster fortzusetzen. Ohne diese Verpflichtung wären sie wieder allein gewesen, hätten nach neuen Partnern Ausschau halten und dieses Muster der Unreife weiterhin in sich tragen müssen. So aber ließen sie sich gegengseitig wachsen und reifen.

Ein wichtiger Faktor beim Funktionieren partnerschaftlicher Verpflichtung ist, den Grund für die Anziehung zu erkennen (oft ist es das Zusammenpassen gegensätzlicher Verhaltensweisen) und dann bewußt und bestärkend an den Unterschieden zu arbeiten, statt sie zum Streitpunkt werden zu lassen. Dazu ist die Bereitschaft des Paares notwendig, die Muster ihrer Gewohnheiten aufzudecken. Sie können sich gegenseitig heilen und daran wachsen, wenn sie die Verletzungen und Ängste erkennen, die hinter ihrem Verhalten stehen. Eine partnerschaftliche Verpflichtung ist notwendig, wenn ausreichend Zeit und Aufmerksamkeit für die sich vollziehenden Veränderungen zur Verfügung stehen.

Ruth und Andy standen vor mehreren Möglichkeiten: Sie hätten zusammenbleiben können und auf schmerzliche Weise ihre Kindheitsmuster durchlebt – insgeheim hoffend, der/die andere werde sich ändern. Oder sie hätten entscheiden können, daß jenseits ihrer Kindheitserfahrung liegende Ansprüche an die Ehe unrealistisch oder unsicher seien. In diesem Fall hätten sie sich in einer *abhängigen* Beziehung befunden. Andy hätte dann sagen können: »Frauen sind fordernd. Du mußt dich von ihnen distanzieren. So ist die Ehe eben.« Und Ruth hätte denken können: »Ich bin es gewohnt, Verantwortung zu tragen und mag das auch. Wir haben keine Nähe, aber was kann man von einem Mann schon erwarten?« Beide hätten eine abhängige Beziehung aufgebaut, in der ihre echten Bedürfnisse nicht befriedigt worden wären. Und es hätte sich nichts geändert, bis eine/r von beiden jemand anderen für sich gefunden oder den Entschluß gefaßt hätte, diese schmerzliche Ehe zu beenden.

## Was ist eine abhängige Beziehung?

In einer abhängigen Beziehung wirkt unbewußt der Wunsch nach Erfüllung alter Bedürfnisse. Jeder Partner sehnt sich zwar nach Befriedigung, vollzieht aber *keine* Veränderungen in sich.

Tom und Sue sind ein typisches Beispiel für Paare, wie ich sie berate. Tom ist ein »Distanzierter« oder »Passiver«, Sue eine »Klammernde« oder »Bedürftige«. (Die Rollen können natürlich auch vertauscht sein.) Hier der Bericht von Sue:

»Wir sahen uns ein Jahr lang fast täglich und erzählten einander alles, was in unserem Leben vor sich ging. Tom arbeitete in der Werbung, und ich half ihm an den Wochenenden bei seiner neuesten Präsentation. Er half mir, Dinge in meiner Wohnung zu richten. Das war die gute Seite. Auf der anderen Seite konnte ich mich nie auf ihn verlassen. An einem Tag war er warmherzig und unterstützend, am nächsten behandelte er mich, als wäre ich das Letzte in seinem Leben. An solchen schlechten Tagen wies er mich von sich und rührte mich nicht an. Dann fühlte ich mich schrecklich und strengte mich sehr an, ihm zu gefallen. Wenn das nicht funktionierte, ging ich weg, um meine Wunden zu lecken. Später war er dann auf seine Art wieder warmherzig. In solchen Momenten fühlte ich mich vollständig, wie eine Hälfte, die mit ihm zu einem Ganzen wurde. Die guten Zeiten waren so wundervoll, daß ich den Schmerz darüber vergaß.

Natürlich wollte ich mehr intime Nähe. Sie tat mir so gut und schien auch ihm in diesen Momenten gutzutun. Im Lauf der Beziehung häuften sich die unangenehmen Momente, als ich mehr gemeinsame Zeit und Intimität wollte. Je mehr ich ihm zu gefallen suchte, desto mehr verletzte er mich verbal und war noch unzuverlässiger.«

So sieht die abhängige Art von Beziehung aus. Tom erlebte ein altes Familienszenario – eine Frau »bedrängte« ihn. Als Kind zog er sich zurück, und heute tut er es mit Sue. Auch Sue findet sich in einem altvertrauten, schmerzlichen Szenario wieder. Wenn sie Tom um etwas bittet, erwartet sie nicht, daß sie es bekommt, sondern versucht es mit ständigem Nachdruck, bis sie schließlich aufgibt und zurückweicht. Und nur dann kommt Tom auf sie zu. Nicht sehr witzig für die beiden. Da dieses Verhalten alte, intensive Gefühle hochbringt, ist die Beziehung in guten Zeiten sehr aufregend – wodurch sie auch in Gang gehalten wird. Bis Sue dann genug davon hatte:

»Eines Tages explodierte ich. Ich erzählte ihm, daß es mir reichte! Wir hatten diesen Kreislauf zu oft durchlaufen. Diesmal reichte es! Ich sagte ihm, daß ich mit ihm fertig sei.

Später sprach ich mit meiner Freundin Betty darüber, die meinte: ›Das klingt wie Abhängigkeit. Weißt du, wie man sich von einer Sucht befreit? Du gehst nicht zurück. Nur noch einmal bringt es nicht. Du gehst auf Totalentzug!‹

Ich dachte darüber nach und fand, daß sie recht hatte. Ich würde mit dieser gefühlsmäßigen Achterbahn den Rest meines Lebens zubringen, obwohl sie mich total von meiner Karriere ablenkte. Ich traf keine anderen Leute mehr, ich vernachlässigte meine Freundinnen. Tom wollte sicherlich keine Ehe.

Ich versprach mir selbst, wenn ich versucht wäre, Tom anzurufen, würde ich zuvor Betty anrufen. In dieser ersten Woche schmerzte mein Körper. Ich hatte keine Energie. Die meiste Zeit dachte ich an ihn. Die Erinnerungen an schlechte Zeiten schienen sich zu verwischen, und ich versuchte, nicht an die warmen, liebevollen Zeiten zu denken. Mitten in der Nacht war es schwer zu schlafen.

Nach einer Woche rief er mich an. Es war gut, mit ihm zu sprechen, aber ich blieb entschlossen und biß nicht an, als er ein Treffen andeutete. Er würde nicht offen sagen ›Ich möchte dich sehen‹, obwohl ich wußte, daß er mich vermißte.

Am nächsten Wochenende war ich tagsüber mit einem Seminar beschäftigt, abends war ich allein. Am Sonntag kehrte ich bei Abenddämmerung nach Hause zurück. Es war ein schöner Abend. Ich legte eine einzelne Kartoffel zum Backen in den Ofen und machte dann einen Spaziergang. Bei den ersten beiden Blocks brachte jeder Schritt die Erinnerungen zurück. Ich dachte: ›Ich *könnte* ihn anrufen. Von seiner Wohnung aus wäre der Sonnenuntergang so schön. Wir würden zu Abend essen, miteinander sprechen und die Nacht zusammen verbringen. Oh, seine Arme um mich würden sich so gut anfühlen. In meinem ganzen Leben war noch nie jemand so. Ich verdiene es, geliebt und gehalten zu werden.‹

Aber schon bald hörte ich eine andere Stimme in meinem Hinterkopf. Ich erreichte eine Ecke und bemerkte, daß mich meine Füße auf direktem Weg zu diesem gefährlichen Telefon nach Hause bringen wollten. Statt dessen drehte ich um und ging den langen Weg nach Hause.

Daß ich an der Ecke kehrtgemacht hatte, brachte den Unterschied. Die schwache Stimme im Hintergrund wurde lauter: ›Es wird sich nicht ändern. Du hast lange gewartet und gehofft. Deine Bedürfnisse sind nicht befriedigt worden. Trotz der Schmerzen in den beiden letzten Wochen hast du wieder Kontakt zu wichtigen Teilen deines Lebens – zu alten Freundinnen und deiner Kreativität. Im Moment erlebst du viel Leid, aber stehe es durch, und es wird besser werden. Geh heim und ruf Betty an.‹

Jetzt fielen mir die Schritte leichter. Der Sonnenuntergang war wundervoll. Ich beobachtete ihn und sagte laut: ›Mein Sonnenuntergang.‹ Ich wußte, ich hatte einer weiteren Versuchung widerstanden und einen erneuten Schritt zur Kontrolle über mein Leben geschafft.«

Tom hat Angst, zu sehr vereinnahmt zu werden. Er sucht Intimität, fürchtet jedoch einen Identitätsverlust, wenn er ihr nachgibt. In Sue sieht er seine Eltern, die zu viel von ihm gefordert und nur wenig gegeben haben. Da seine Eltern emotional von ihm abhingen, hatte er Schuldgefühle, wenn er sich von ihnen distanzierte, und machte sie dafür verantwortlich. Aber er konnte seine Eltern nicht offen verletzen, weil er sie, als Kind, zu sehr brauchte. Also sparte er seine Unmutsgefühle für andere intime Situationen in seinem Leben auf. Somit konnte sich der Zyklus von Intimität-Abhängigkeit-Furcht-Wut-Distanzierung in seinen Liebesbeziehungen ständig wiederholen.

Sue hatte ihr eigenes Dilemma. Sie war von ihren Eltern oft enttäuscht worden. Diese waren zu sehr beschäftigt und zu sehr in ihre eigenen Probleme verstrickt, als daß sie ihr mit kontinuierlicher Aufmerksamkeit hätten helfen können. Ihr Vater gab ihr nicht das Gefühl, sie zu akzeptieren, und obwohl sie immer versuchte ihn zufriedenzustellen, hatte sie selten Erfolg. Bei Tom versuchte sie es noch mehr, doch auch hier waren ihre Bemühungen umsonst. Sie war süchtig nach den Zeiten, in denen er sie zu akzeptieren und zu lieben schien – so, wie sie es von ihrem Vater ersehnt hatte.

Also suchten beide die Liebe voneinander zu bekommen, die ihnen ihre Eltern nicht geben konnten. Der Kindheitsschmerz war ihnen nicht bewußt. Sie *benutzten* einander, um die Unmutsgefühle loszuwerden, denen sie früher im Leben keinen Ausdruck verleihen konnten. Beiden lag daran, daß ihre Bedürfnisse vom Partner erfüllt wurden und daß sie sich vor Verletzungen schützten. Wie bei anderen abhängigen Paaren auch herrschten bei ihnen Verzweiflung und Ekstase im Wechsel vor. Die Situationen waren eher stürmisch als sicher, und statt einer langfristigen Veränderung zum Guten hin waren die gewohnheitsmäßig sich wiederholenden destruktiven Verhaltensweisen eine ständige Belastung für ihre Energien.

Sue und Tom hätten, wie viele ähnliche Paare auch, lange Zeit auf die eine oder andere Weise zusammenbleiben können. Doch ihre Beziehung basierte nicht auf einer partnerschaftlichen Verpflichtung. Beide waren unbewußt dabei, alte persönliche Probleme zu lösen, indem sie sich *benutzten* und keiner für den anderen wirklich verfügbar war.

Das Problem eines abhängigen Paares kann auf unterschiedliche Weise gelöst werden: Die Partner sehen sich nicht mehr und brechen damit das Suchtmuster auf. Eine solche Entscheidung würde jedoch das unbewußt gebliebene Problem nicht lösen, also keine Heilung bewirken. Jemand in Sues Lage (»klammern«) sucht eher Hilfe, da sie sich ihres Schmerzes bewußt ist. Ginge es ihr aber nur darum, durch Wut und Schuldzuweisung den Schmerz und damit jegliche Verantwortung von sich zu weisen, würde sie keine Hilfe suchen. Sie würde dann mit einem anderen Partner dasselbe Muster wiederholen.

Tom dagegen (»distanzieren«) ist unbewußter. Seine Ausgangshaltung mag sein: »Frauen sind zu fordernd.« Dadurch kann er dazu neigen, immer oberflächliche Beziehungen einzugehen. Oder er sucht

Hilfe, wenn der Verlustschmerz groß genug geworden ist oder sich seine Bewußtheit entwickelt hat.

Nach ihrer Trennung können solche Menschen von einer abhängigen Beziehung in die nächste treiben, bis einer von ihnen oder beide völlig ernüchtert daraus erwachen. Die bessere Lösung ist allerdings, wenn sich das Paar trennt und auf individuelle Weise Heilung findet, um schließlich dann mit neuen Partnern intaktere Beziehungen aufzubauen.

Eine weitere Möglichkeit wäre – vorausgesetzt, die Partner sind in bedeutsamen Bereichen ihres Lebens aufeinander abgestimmt –, der Beziehung gegenüber eine feste partnerschaftliche Verpflichtung einzugehen und die Beziehung selbst zur Heilung zu nutzen. Ein äußerst lohnender, aber für beide schwierig zu vollziehender Prozeß. Damit eine solche Lösung gelingt, muß zwischen den Partnern bei zunehmender Bewußtheit der Gefühle eine offene und ehrliche Kommunikation stattfinden. In dieser Zwangslage ist für die meisten Menschen ein außenstehender »Betreuer« oder ein/e Therapeut/in äußerst empfehlenswert, wenn nicht sogar absolut notwendig. Ohne gekonnt professionelle Unterstützung kann sich eine solche Beziehung rasch spiralförmig nach unten bewegen, da die klammernde Person intensiver versuchen wird, die Dinge zum Funktionieren zu bringen. Während die sich distanzierende Person schneller davonläuft.

Die sich ständig wiederholende Interaktion in abhängigen Beziehungen mag über Eifersucht, Geld, Macht oder anderes kompensiert werden, im Kern jedoch wurzelt der Konflikt in den unerfüllten Bedürfnissen aus der Kindheit. Diese Sehnsüchte – damals für das Überleben als notwendig erkannt – führen heute zu einem intensiven Hingezogensein zu Personen, denen Sie die Macht geben, sie zu erfüllen – oder *nicht zu erfüllen*.

Für andere etwas tun, um das eigene Überleben (oder das Überleben der Beziehung, was sich wie persönliches Überleben *anfühlen* mag) zu sichern, ist kein großzügig gemachtes Geschenk aus Liebe. Es geschieht aus Verlustangst. Der Unterschied mag subtil sein, ist jedoch entscheidend (mehr darüber später).

Denken Sie an Ihre vergangenen Beziehungen. Zieht es Sie eher zu Abhängigkeiten? Aus den Übungen Beziehungsgeschichte (2. Übung) oder Erinnern der Kindheit (5. Übung) erhalten Sie ziemlich sicher einige Hinweise auf die ursprünglichen Gründe, die Sie zu bestimmten

Menschen hinzogen, und die Sie später mit ihnen brechen ließen. Sie können diese Informationen dazu nutzen, mögliche Tendenzen zu gegenwärtigen Abhängigkeiten aufzudecken.

## Was ist eine partnerschaftliche Beziehung?

Bevor wir uns mit der partnerschaftlichen Beziehung auseinandersetzen, wollen wir einen Blick auf die Bedeutungsänderungen des Wortes »partnerschaftliche Verpflichtung (Bindung)« seit den 1950er Jahren werfen. In jener Zeit waren Ehe und Bindung Synonyme. Es war einfach »normal«, sich zu verheiraten, viel für den Erfolg zu arbeiten und Kinder (und Enkel) zu haben. Die 1960er Jahre brachten die sexuelle Revolution mit einer Reihe neuer Verhaltensweisen. Die feministische Bewegung war stark. Betty Friedans Buch *Der Weiblichkeitswahn oder Die Selbstbefreiung der Frau* verlieh der Wut der Frauen über ihre traditionelle Rollenfestlegung Ausdruck. Frauen wie Männer erkannten, wie wichtig es war, Beziehungen daraufhin zu hinterfragen, ob sie ihren Bedürfnissen Rechnung trugen.

Fritz Perls, Gestalttherapeut und Autor, schrieb darüber ein Statement, das auf Poster gedruckt und überall zitiert wurde und als wünschenswerte Sichtweise galt. In seinem (1969 im Original erschienen) *Buch Gestalt-Wahrnehmung. Verworfenes und Wiedergefundenes aus meiner Mülltonne* schrieb er:

*»Ich mache meine Sache, und du machst deine Sache.*
*Ich bin nicht auf der Welt, um deine Erwartungen zu erfüllen,*
*und du bist nicht auf der Welt, um meine zu erfüllen.*
*Du bist du, und ich bin ich, und wenn wir uns zufällig treffen,*
*dann ist das schön,*
*Wenn nicht, ist nichts daran zu ändern.«*

Perls' Statement und die darin zum Ausdruck kommende Sichtweise ist das Gegenteil partnerschaftlicher Verpflichtung. Es repräsentiert ein damals allgemeines Thema und mag ein notwendiger Schritt für die gesunde Entwicklung von Beziehungen gewesen sein – wie etwa die Jugend ein wichtiger Schritt zum Erwachsenwerden ist. In den 1970er Jahren folgte daraufhin ein Anstieg der Scheidungen – in manchen Gegenden bis zu 50 Prozent und mehr –, da die Menschen die Einengungen des »Ehejochs« hinterfragten. Sie suchten nach dem

»wahren Selbst« und dem »perfekten Partner«, der Liebe und Freiheit des Selbstausdrucks bot. Für viele Menschen wurden sexuelle Aktivitäten außerhalb der Ehe zur Norm. Für die vor den 1950er Jahren aufgewachsenen Generationen bedeutete dies eine gewaltige Veränderung. Für diejenigen, die in den 1960er und 1970er Jahren aufwuchsen, war es verwirrend. In den 1980er Jahren trat Aids auf den Plan und versetzte der unbeschränkten sexuellen Freiheit einen Dämpfer – was die Situation noch verworrener machte.

Viele Menschen wurden in ihren prägenden Jahren von den stürmischen Veränderungen der 1960er und 1970er beeinflußt, die sich auch auf ihr späteres Leben und ihre Familie auswirkten. Noch immer suchen sie nach besseren Möglichkeiten, um sich aufeinander zu beziehen. Heute, in den 1990er Jahren, treffen die Ideale der Zeit vor 1960 und danach zusammen, was sich in einer Sehnsucht nach Individualität und Intimität ausdrückt. Frauen sind eher der Karriere verpflichtet. Männer erforschen ihre intuitive Seite und nehmen vermehrt an fürsorglichen Aktivitäten teil. Frauen und Männer suchen nach neuen Möglichkeiten, in der Familie ein Gefühl der Sicherheit zu schaffen. In diesem Klima überlegen wir, was mit partnerschaftlicher Verpflichtung gemeint ist.

Der Anthropologe Ashley Montagu – eine ausgezeichnete Quelle für eine Definition von Liebe und partnerschaftlicher Verpflichtung – hat in seinem langen Leben viele soziale Veränderungen beobachtet und erlebt. Zu seinen vielen Büchern gehören auch »Körperkontakt« und »Die natürliche Überlegenheit der Frau«. Durch seine Erforschung des menschlichen Verhaltens bringt er Einsicht in das Dilemma der modernen Gesellschaft. Vor kurzem sprach er in einem Vortrag voll Freude und Respekt von seiner langjährigen Frau. Seine Gedanken über Liebe und partnerschaftliche Verpflichtung waren wie folgt:

»Man sollte aus Freundschaft heiraten – einer anderen Form der Liebe. Ich will Liebe ganz einfach definieren. Sie ist die gegenseitige Fähigkeit, durch demonstratives Handeln nicht nur Überlebensvorteile auf die andere Person zu übertragen, sondern auch das Bewußtsein, daß sie mit Beistand rechnen kann, die ihr aus angeborenen Potentialen entstehenden Bedürfnisse befriedigen zu können. Diese Person kann sich darauf verlassen, daß ihr alle die für ihr Wachstum und ihre Entwicklung nötige Unterstützung geboten wird. Daß alle ihre inneren Potentiale gefördert werden. Diese Potentiale sind beim Menschen das Bedürfnis nach Liebe, das Bedürfnis nach Freundschaft, das Bedürfnis nach Lernen, Neugier, Staunen, Phantasie, Träumen, Kreativität, Erforschung, Spiel, Musik, Weinen, Berührung. Dies sind verhaltensbedingte Grundbedürfnisse. Sie sind Teil unseres genetischen Systems – und können nicht wegdiskutiert werden.«

Montagu spricht über beidseitige liebevolle Handlungen, die die Grundbedürfnisse der Partner befriedigen. Fritz Perls erklärt in seinem Statement von 1960, daß die Erfüllung der eigenen Bedürfnisse wichtiger als der Erfolg der Beziehung sei. Das mag für unabhängig sich entwickelnde Menschen gültig sein, nicht aber für eine auf Wachstum und Erfüllung ausgerichtete Beziehung. Für Perls ist Liebe etwas, das man bekommt, wenn jemand zufällig den eigenen Weg kreuzt. Für Montagu ist Liebe etwas, das man als loyaler und gebender Freund schafft.

M. Scott Pecks erfolgreiches Buch *Der wunderbare Weg. Eine neue Psychologie der Liebe und des spirituellen Wachstums* definiert Liebe und partnerschaftliche Verpflichtung wie folgt:

»Wenn wir unsere Grenzen ausdehnen, wenn wir einen zusätzlichen Schritt tun oder einen zusätzlichen Kilometer gehen, so tun wir etwas der Trägheit oder dem Widerstand aus Angst Entgegengesetztes … Liebe ist eine Art Arbeit, eine Art Mut. Insbesondere ist sie Arbeit oder Mut in Richtung des eigenen spirituellen Wachstums und des von anderen Menschen … Da sie das Ausdehnen der eigenen Grenzen fordert, ist Liebe immer mit Bemühung oder Mut verbunden. Basiert eine Handlung nicht darauf, ist sie auch kein Akt der Liebe. Da gibt es keine Ausnahme. Achtsamkeit ist die bedeutsamste Form, die Bemühung aus Liebe annimmt. Wenn wir jemanden lieben, sind wir achtsam. Wir achten auf das Wachstum dieses Menschen …«

und:

»Jede echt liebende Beziehung basiert auf partnerschaftlicher Verpflichtung. Jeder Mensch, der wirklich um das spirituelle Wachstum des anderen besorgt ist, weiß unbewußt oder instinktiv, daß dieses Wachstum nur durch eine beständige Beziehung zu nähren ist.«

## In einer partnerschaftlichen Beziehung ist Lieben gleichbedeutend mit Handeln

Liebe wird zum Akt, wenn man etwas tut, das Freude bereitet oder ein Bedürfnis befriedigt. Großzügige Geschenke fühlen sich gut an. Die schenkende Person ist von tiefer Freude erfüllt, bewirkt doch ihr Handeln neues und unerwartetes Wachstum. Die beschenkte Person mag das Präsent zunächst vielleicht nicht besonders günstig aufnehmen. (»Das wird er nie wieder tun!«) Oder es wird ihr möglicherweise nicht so angeboten, wie sie es gern hätte. Dennoch bestärken solche liebevollen Handlungen in beiden das Gefühl von Liebe und stellen im Idealfall für die gebende Person einen »Wachstumsschub« dar. Beispiel:

Tanya ist eine sich schnell bewegende, ungeduldige Frau. Sie ist mit Ramon, einem gefestigten, geduldigen und nur langsam zu ändernden Mann verheiratet. (Seine Gefestigtheit war das erste, was sie anzog.) Wenn Tanya etwas verändern möchte, bereitet sie Ramon darauf vor – anstatt es sofort durchzusetzen. Sie bespricht mit ihm Möglichkeiten des Vorgehens und befragt ihn über seine Meinung. Sie läßt ihm Zeit, sich an die neuen Ideen zu gewöhnen. Denn sie hat herausgefunden, daß sie durch dieses »Geschenk« und die damit verbundenen sorgfältig getroffenen Entscheidungen eigene Fehler vermeiden kann.

Als »Gegengeschenk« prüft Roman die Vorschläge genau und sucht aufrichtig nach Möglichkeiten, sich der neuen Situation anzupassen und nicht mit dem üblichen Widerstand zu reagieren. Er hat herausgefunden, daß Tanyas Vorschläge oft für beide günstig sind. Auf diese Weise geben sich beide etwas, ziehen Befriedigung daraus und machen Fortschritte in ihrem persönlichen Wachstum.

Der Alltag hält viele Möglichkeiten für solche »Geschenk-Aktionen« bereit. Beispielsweise kann ein Mann, der für gewöhnlich nicht kocht, seine vielbeschäftigte oder sich vielleicht nicht wohlfühlende Partnerin damit überraschen. Oder man spricht etwas an, das man an der anderen Person schätzt; oder man ist in Streßsituationen freundlich und hilfsbereit. Je öfter solche Aufmerksamkeiten geschehen, desto mehr lernen Menschen voneinander und genießen die Beziehung. Wichtig ist, daß es sich um einen gegenseitigen Austausch von Geben und Nehmen handelt, damit ein Aggressionsstau von seiten der gebenden und Schuldgefühle von seiten der nehmenden Person verhindert werden.

## Beispiel einer partnerschaftlichen Verpflichtung

Testfall für die partnerschaftliche Verpflichtung sind die Bedürfnisse und Probleme einer jungen Familie. Dorothy und Joe haben einen solchen Testfall durchlebt und konnten ihr Leben gegenseitig bereichern. Sie sind seit mehr als dreißig Jahren verheiratet, genießen ihr Zusammensein noch immer und unternehmen gemeinsam viel Interessantes.

Auffallend ist, wie liebevoll sie zueinander sind, auch wenn sie bisweilen über Kleinigkeiten streiten. Bei genauerem Hinsehen entdeckte ich, daß ihre Streitigkeiten absichtsvoll waren. Beide drückten dadurch ihre Wünsche und Bedürfnisse aus, einigten sich und handelten entsprechend. Ich beschloß, sie über die partnerschaftliche Verpflichtung in ihrer Ehe zu befragen.

Dabei erfuhr ich, daß gewisse Aspekte ihrer Werbung und Eheschließung diese Art Verpflichtung auf den Weg gebracht hatten. Als sie sich kennenlernten, besuchten sie etwas weiter voneinander entfernte Colleges, nutzten jedoch jeden Moment, um sich näher kennenzulernen. (Bei ihrer ersten Verabredung entdeckten sie Ähnlichkeiten in ihrer Herkunft und daß sich ihre beiden Väter – sie waren Pharmazeuten – schon begegnet waren.) Bei ihrer sechsten Verabredung bat Joe – wie es an einem solchen Tag Brauch war – Dorothy, das Abzeichen seiner Studentenverbindung zu tragen. Bevor sie »ja« sagte, besprach sie sich eine Stunde lang mit ihm über Themen, die ihr wichtig waren. »Willst du Kinder? Wärst du für eine Adoption, wenn wir keine bekommen können?« Sie war von Joe begeistert, nahm die partnerschaftliche Verpflichtung aber sehr ernst. Schließlich wollte sie wissen, auf was sie sich einließ.

Joe, von ihren Fragen keinesfalls abgeschreckt, war fasziniert und noch mehr an ihr interessiert. Seit diesem Tag schrieben sie sich täglich und konzentrierten sich darauf, eine Beziehung aufzubauen, hinter der sie begeistert stehen konnten. Verlobungs- und Hochzeitspläne folgten bald. Die Geschichte, die mir Dorothy über die Hochzeitsnacht erzählte, gab mir eine Vorstellung, wie sie ihre Pläne umsetzten.

»Wir sehnten uns so sehr nach einem Zusammenzusein, daß wir es so bewerkstelligten, daß ich meinen Abschluß bereits nach drei statt nach vier Jahren machen konnte. Die Festlegung des Hochzeitstermins mußte sich an den geschäftlichen Zwängen unserer Väter orientieren, was bedeutete, daß ich am Tag nach der Hochzeit ein achtstündiges Lehrerexamen zu absolvieren hatte.

Meine Mutter schenkte mir ein wunderschönes Nachthemd, das ich in der Hochzeitsnacht anzog und damit erschien. Joe warf einen Blick auf mich, grinste und sagte: ›Okay, setz dich, ich werde dich jetzt eine Stunde für die Prüfung abfragen.‹ Am nächsten Tag bestand ich die Prüfung.

Wir waren beide auf unser Ziel konzentriert und wußten, daß wir den Rest des Lebens für uns hatten. Diese Art Pragmatismus und gegenseitige Unterstützung ist ein wichtiger Teil der partnerschaftlichen Verpflichtung uns und unserer Ehe gegenüber.«

Drei Jahre später war Joe die Hälfte der Zeit geschäftlich unterwegs. Dorothy kümmerte sich um Haus und Kinder. Beide waren gestreßt und einsam und suchten nach Möglichkeiten, ihre Attraktion und Nähe zu erhalten. So verpflichtete sich Joe beispielsweise, alle 24 Stunden zu Hause anzurufen, auch wenn er in Übersee war. Um Dorothys Unmut gegenüber ihrer häuslichen Rolle entgegenzuwirken, besuchten sie Wochenend-Workshops für Paare, die sie anregten und wachsen ließen. Eine Zeitlang nahmen sie auch an einer *Encountergruppe* teil. Solche Erfahrungen lieferten ihnen Diskussionsstoff und Freude und machten das Leben wieder aufregend. Sie konnten in dieser schwierigen Zeit ihre Nähe nicht nur erhalten, sondern sogar intensivieren. Sie waren gute Eltern und ihren Kindern nahe, blieben aber andererseits ihrer persönlichen Verpflichtung treu und fanden Möglichkeiten, ihre Interessen mit ihren Kindern zu teilen.

Ich fragte, ob sie ihre Ehe je in Frage gestellt hatten. Dorothy lachte und sagte: »Oh, wir haben gekämpft! Ich verbrachte ganze Nächte in einem Motel, als ich außer mir vor Wut war. Joe konnte ganz schön dominierend sein.« Und er fügte hinzu: »Ich lernte, Ruhe zu geben. Ich habe ihr oft Vorwürfe gemacht und war oft sarkastisch, anstatt einfach zuzuhören. Wir besuchten den Workshop *Fair streiten*, wo ich bessere Umgehensweisen lernte. Meine Eltern stritten viel und waren keine guten Vorbilder.« Dorothy sagte: »Meine Eltern spielten viele manipulative Spiele miteinander. Für mich war es also wichtig, das nicht zu tun, sondern mich klar auszudrücken. Joe mochte das.«

Heute, nach drei Jahrzehnten Ehe, meint Joe: »Ich betrachte jeden Tag als Feiertag und jede Mahlzeit als Festmahl. Wir arbeiten, also können wir auch spielen. Wir haben jetzt beide unsere Büros zu Hause.

Wir planen unser Leben und unternehmen interessante Dinge. Wir assistieren bei Performances, nehmen an Vorträgen teil und gehören interessanten Gruppen an. Wir haben mit vielen faszinierenden Menschen zu tun. Einmal im Monat gehen wir ins Museum. Einmal pro Woche machen wir beim *Square dance* mit. Wir genießen es, zusammenzusein, und wir dehnen unsere Grenzen aus, damit wir neue Dinge kennenlernen.«

Beide sagten »ja« zum Leben. Ihre Lebensart birgt viel Würze und Spannendes. Und mit dem gleichen Engagement für Qualität planen sie ihr Leben bis ins hohe Alter.

## Abhängigkeit oder echte Partnerschaft: der Unterschied

Es ist wichtig, den Unterschied zwischen einer abhängigen und einer partnerschaftlichen Beziehung zu kennen. Nur so läßt sich beurteilen, ob eine Liebesbeziehung zufriedenstellend verlaufen wird. Es gibt Paare, die so weit voneinander entfernt sind und deren Unterschiede so groß sind, daß sie trotz ursprünglicher »Verliebtheit« und äußerster Bemühungen keine befriedigende Beziehung schaffen können. Eine Klientin, die eine abhängige Beziehung aufgab und nach einer Zeit des Wachsens eine liebevolle Beziehung aufbauen konnte, erzählte:

> »Diese Abhängigkeit machte mich ›hungrig‹ nach ihm. In den Zeiten, in denen er auf eine für mich wichtige Art gut zu mir war, hatte ich Hochgefühle. Doch diese Hochs führten unweigerlich zu Tiefs, und ich war wieder hungrig. Ich versuchte alles, um dieses Bedürfnis zu stillen. Ständig hinterfragte ich unsere partnerschaftliche Verpflichtung – seine und meine. Auch jedesmal, wenn unser Zusammensein intensiv und aufregend und schwer darauf zu verzichten war! In der neuen, gesünderen Beziehung hatte ich dann manchmal Angst, ich würde wieder hungrig bleiben. Aber er dringt zu mir durch. Ich bin zufrieden. Langsam vertraute ich ihm; ich kann mehr denn je ich selbst sein. Wir haben zwar Meinungsverschiedenheiten, aber wir wissen, daß wir sie klären können. Dadurch bedingte Spannungen werden durch ein Gefühl der Sicherheit in unserer Liebe ersetzt. Wir haben uns verpflichtet, zusammen zu wachsen. Es fühlt sich wundervoll an.«

Bei der Wahl von Liebespartnern gilt es also, verschiedenartig strukturierte Beziehungen zu beachten. Erregende Spannung und Gelassenheit sind möglich, auch wenn dies einen speziellen Lernprozeß erfordert, bei dem Sie gegebenenfalls Hilfe brauchen. Das nächste Kapitel bietet Unterstützung für Einzelpersonen und Paare an.

# 10 Hilfe bei Liebesverletzungen

Wiederholen sich aufgrund der Partnerwahl bei Ihnen in gewisser Weise ständig die Probleme, die Sie früher zu Hause hatten? Erstaunlicherweise ist das bei den meisten von uns der Fall. Die Wahl solcher Partner zeugt natürlich von wenig Bewußtheit über das eigene Tun. Wir wollen als Erwachsene »dieses Mal alles richtig machen«, tun aber unbewußt alles, damit es mißlingt. Wenn unsere unproduktiven Muster aus der Vergangenheit noch immer höchst wirksam sind, dann wählen wir Beziehungen mit unglaublichen Problemen. Und nach einer Weile ist es unumgänglich, kompetente Hilfe von außen in Anspruch zu nehmen.

Woher weiß man, daß man fremde Hilfe braucht? Wenn die Beziehungsgeschichte mehr unglückliche als glückliche Muster aufweist, wenn man sich und/oder andere verletzt oder über den weiteren Beziehungsverlauf ratlos ist – dann ist kompetente Unterstützung angesagt.

Therapie? »In *solchen* Schwierigkeiten bin ich doch nicht! Ich komme selbst damit klar.« Das kann durchaus sein, aber es ist Ihr Glück, das auf dem Spiel steht. Sie können sich im Kreis drehen wie ein Tier im Käfig, ohne es zu bemerken. Nur professionelle Hilfe kann Ihnen da weiterhelfen.

Was meine ich mit »Therapie«, was hat es damit auf sich? (»Beratung« wäre eine anderes Wort.) In den 1950er Jahren und davor stellte man sich unter Therapie vor, jahrelang einmal (oder mehrmals) wöchentlich auf der Couch zu liegen. Das war teuer und nur für sehr reiche oder sehr gestörte Menschen geeignet. Seitdem haben in den »helfenden Berufen« enorme Veränderungen stattgefunden. Und es ist ganz hilfreich, mehr über derzeitige Möglichkeiten und Angebote zu erfahren. Zum einen haftet dem Wort Therapie nicht mehr der Makel der Geisteskrankheit an. Zum anderen werden heute die verschiedenen Therapierichtungen optimal genutzt, um zu Erfüllung und Wachstum zu gelangen.

Für unabhängige und selbstbewußte Menschen mag es schwierig sein sich einzugestehen, daß sie Hilfe brauchen. Bei einem gebrochenen Bein wäre das ganz anders. Die meisten von uns werden durch zerbrochene Beziehungen genauso geschwächt wie durch gebrochene Gliedmaßen. Emotionale Heilung ist von der gleichen Wichtigkeit wie körperliche Heilung. Tatsächlich ist für unser Glück nichts bedeutsamer als eine gute Intimbeziehung, die sich dann in positiver Weise auf unser übriges Leben auswirken kann.

Es hängt ganz von der jeweiligen Problemsituation und dem Behandlungsziel ab, welche Therapieart und Therapeuten gewählt werden. Aus diesem Grund beschränke ich mich im folgenden auf allgemeine Richtlinien.

Es empfiehlt sich, die Kosten einer Therapie in Erfahrung zu bringen, denn sie sind meist relativ teuer. Steht aber Ihr Seelenfrieden auf dem Spiel, dann darf Sie das nicht abschrecken. Zudem geben öffentlich geförderte Institutionen wie beispielsweise Sozialamt, Jugendamt oder psychosoziale Versorgungseinrichtungen (oder Vereine wie Pro familia) Unterstützung. Einige kommunale Organisationen betreiben privat geförderte Vereine, Initiativen und Selbsthilfegruppen, die sich mit Spezialproblemen wie Medikamenten- und Drogenabhängigkeit oder Kindesmißbrauch befassen. Die Anonymen Alkoholiker und aus dieser Gruppe hervorgegangene, ebenfalls kostenlose Gruppierungen sind unter anderem die Anonymen Co-Abhängigen (Al-Anon), erwachsene Kinder alkoholkranker Eltern, Anonyme Spieler, Overeater-Anonymous-Gruppen (OA). Sie bieten nicht eigentlich Therapien an, sondern haben eher Selbsthilfecharakter. Die Unterstützung durch eine Gruppe kann enorm wichtig sein, Probleme stabilisieren helfen oder Beratungsgespräche über einschlägige Therapierichtungen initiieren. Die in Fachhochschulen und Universitäten in Ausbildung stehenden künftigen Berater/innen und Therapeut/innen absolvieren an unterschiedlichen Stellen für geringe oder oft gar keine Bezahlung Praktika und stehen ebenfalls für zusätzliche Informationen zur Verfügung. Besonders in größeren Städten haben sich mittlerweile Krisentelefone durchgesetzt, die eine gute Anlaufstelle sind. (Dienste wie Suchttelefon und Suchnotruf werden zum Beispiel ehrenamtlich durchgeführt.)

Wenn Sie für sich oder andere nahestehende Personen Hilfe suchen, können Sie erste Auskünfte in Telefonbüchern, psychosozialen Beratungsstellen oder dem ASD (Allgemeiner Sozialdienst) erhalten. Auch die Rentenversicherungsträger oder Krankenkassen beteiligen sich je nach Fall an den Kosten oder übernehmen sie in Härtefällen ganz. Weitere Unterstützung bieten zum Beispiel die Sucht-Beratungsstellen.

Das sind nur einige Hinweise. Sie sollten bei der Auswahl der verschiedenen niedergelassenen Therapeut/innen herausfinden, in welchen Richtungen sie ausgebildet sind. Das können Sie Therapeut/innen Ihrer Wahl auch direkt fragen.

## Psychiater

Psychiater/innen sind an Universitäten ausgebildete Mediziner mit Spezialisierung auf das Fachgebiet Psychiatrie. Ihr Können und ihre Spezialgebiete variieren beträchtlich; erkundigen Sie sich auch hier, um Klarheit zu gewinnen. Aufgrund ihrer Zusatzausbildungen können sie teuer sein (Analytiker/innen).

## Klinische Psychologen

Klinische Psycholog/innen studieren an der Universität den Studiengang Psychologie und schließen mit einem Diplom ab (in den USA mit einem Doktortitel). Zur Niederlassung benötigen sie eine Approbation. Ihre Ausbildung umfaßt verschiedene Therapierichtungen (Klinische Psychologie, Sozialpsychologie, Arbeitspsychologie, Entwicklungspsychologie, Organisationspsychologie und andere) sowie die Durchführung psychologischer und Persönlichkeitstests. Die Therapieansätze variieren je nach Ausbildung und Spezialisierung.

## Ehe- und Familientherapie

Therapeut/innen, die für Ehe-, Familien- und Kindertherapie zugelassen sind, haben ihre Ausbildung und praktischen Erfahrungen schwerpunktmäßig auf Beziehungstherapie gelegt. Sie müssen zur Qualifikation ein Diplom (Diplom-Psychologen oder Diplom-Sozialpädagogen) und Spezialisierungen vorweisen. Meist gehören sie Berufsverbänden für Ehe- und Familientherapeuten an; in den USA ist es die American Association of Marriage and Family Therapists.

### Sozialarbeit

Sozialarbeiter/innen führen die unterschiedlichsten Arten von Beratungstätigkeiten mit Einzelpersonen und Familien aus. Sie benötigen dafür ein Diplom und praktische Erfahrungen in Spezialgebieten. Es können auch Zusatzausbildungen gefordert werden (Bereiche der Familientherapie, Suchttherapie, Gesprächspsychotherapie, Verhaltenstherapie, Sozialtherapie).

Alle oben aufgeführten Berufsgruppen können je nach Eignung und Zulassung viele der nachfolgend genannten Therapieformen und Techniken praktizieren.

## Angebote entwicklungsorientierter Therapien

Die Palette der angebotenen Therapien ist groß. Viele davon sind relativ neu und erst in den letzten 20 bis 30 Jahren entwickelt oder verbessert worden.

### Gesprächsorientierte Einzeltherapie

Sie ist vermutlich die üblichste Therapieform und beinhaltet eine Reihe Spezialrichtungen. Erkundigen Sie sich bei der/dem Therapeutin/Therapeuten Ihrer Wahl nach deren Ausbildung und Spezialisierung.

Die angebotenen Therapien können äußerst unterschiedlich ausgerichtet sein. Eine an Sigmund Freud orientierte Therapie konzentriert sich zumeist auf die inneren Konflikte der Einzelperson. An Familiensystemen ausgerichtete Therapien befassen sich speziell mit den Interaktionen innerhalb der Familie und damit, wie die einzelnen Familienmitglieder davon betroffen sind und auf das gesamte System zurückwirken. An C. G. Jung orientierte Therapeut/innen verfügen über eine Spezialausbildung unter besonderer Berücksichtigung der Lehren C. G. Jungs. Dazu gehören Traumanalyse und Arbeit mit Archetypen. Eine weitere Kategorie ist die Humanistische Psychologie, die einen ganzheitlichen, auf die gesamte Person bezogenen Ansatz bietet: Körper, Seele, Geist. Die Transpersonale Psychologie hat eine ähnliche Orientierung mit Schwerpunkt auf die Bereiche des Bewußten, die das Persönliche überschreiten.

Zu weiteren interessanten wissenschaftlichen Einzelmethoden gehören unter anderem Gestalttherapie, Voice-Dialogue-Methode, Transaktionsanalyse, Rational-emotive Verhaltenstherapie, Narrative Therapie, Selbst-Psychologie, Control-Mastery-Therapie und Objektbeziehungen. Diese sind weitere Hilfsmittel zur Beschleunigung des Verstehenprozesses und der Entwicklung von Einsichten – einem ersten Schritt zu Verhaltensänderungen. Lassen Sie sich von den Therapeut/innen Ihrer Wahl über die angewendeten Methoden aufklären.

Die Verhaltenstherapie und die Kurzzeittherapie sind Methoden, die zunächst auf Verhaltensänderungen, längerfristig aber auf die Änderung der persönlichen Einstellung abzielen. Der Erfolg solcher Therapien hängt von der Bereitschaft der/des Klientin/Klienten ab, in der Zeit zwischen den Sitzungen die therapeutischen Vorschläge (»Hausaufgaben«) zu befolgen.

## Paartherapie

Paartherapien werden von einem oder zwei Therapeuten mit einem Paar durchgeführt. Aus verschiedenen Gründen empfehle ich diese Art von Therapie für Menschen in einer bedeutsamen Beziehung. Wenn man – wie in der Einzeltherapie – nur einer Person außerhalb der Beziehung vertrauliche Gedanken erzählt, kann das zu einem »Dreieck« führen, das den Partner ausschließt. Und das wäre genau das Gegenteil dessen, was angestrebt wird – nämlich dem Partner näherzukommen. Es ist für eine Partnerschaft gefährlich, wenn sich nur eine der beiden Personen entwickelt.

Statistiken über die Langlebigkeit von Beziehungen zeigen recht überzeugend, daß im Gegensatz zur Einzeltherapie die Paartherapie für die Förderung glücklicher Beziehungen viel geeigneter ist. Es gibt jedoch Situationen, für die eine Paartherapie nicht die beste Lösung ist. Zum Beispiel bei folgender Aussage: »Ich bin in Ordnung, aber mein Partner ist krank (hat Unrecht).« An Beziehungsschwierigkeiten sind immer beide Personen beteiligt, und es ist von großem Vorteil, wenn sie gemeinsam Zeuge der Bemühungen um Verbesserung werden.

Paartherapie kann sich manchmal direkt auf Beziehungsprobleme konzentrieren und manchmal auf beziehungsrelevante Einzelprobleme. Jede der unter Gesprächsorientierte Einzeltherapien (oder Individualtherapien) aufgeführten Methoden kann zusätzlich zu anderen Spezialmethoden herangezogen werden – so beispielsweise der Tausch der Stühle und damit ein Tausch der Identität der Partner. Auf diese Weise können die Gefühle der/des anderen besser nachempfunden werden. Das ist nur ein Beispiel für die Herangehensweise und Durchleuchtung von Problemen.

## Trennungsberatung (Mediation)

Die Mediation ist eine äußerst hilfreiche Therapie zur Beendigung von Trauerarbeit und dem Ermöglichen einer emotionalen Trennung. Sie ist besonders wichtig, wenn Kinder mit im Spiel sind. Vor einigen Jahren bot ich diese Therapieart an und kam zu dem Schluß, daß ein weiblich-männliches Therapeutenteam meist am effektivsten ist. Jeder Partner in der sich auflösenden Beziehung muß von einer Person des gleichen Geschlechts verstanden und aufgefangen werden. (Natürlich ist ein Team teurer. Sollten die Kosten ein Problem darstellen, zögern Sie nicht, und arbeiten Sie mit nur einem Therapeuten!) Mit dieser Methode können hohe Gerichtskosten aufgrund zerstörerischer Rechtsstreitereien umgangen werden. Gerichtliche Auseinandersetzungen lassen Menschen oft verwundet und verbittert zurück, während Therapie für die Betroffenen ein Heilungsprozeß ist.

## »Voreheliche Therapie«

Diese in den USA bekannte Therapieart kann für Paare eine äußerst nützliche Hilfe sein. Sinnvoll ist die Ermittlung von Grundthemen (Gründe für die ursprüngliche gegenseitige Attraktion sowie potentielle Problemstellungen), bevor sich Schwierigkeiten manifestieren. Gerüstet mit diesem Bewußtsein kann sich ein Paar positiv entwickeln, statt sich in unproduktive Konflikte zu verwickeln.

## Sexualtherapie

Sexualtherapie ist eine weitere Form der Paartherapie (manchmal auch der Einzelarbeit). Sexualprobleme sind relativ einfach zu behandeln, da sie oft in komplexere Beziehungsprobleme eingebettet liegen.

Sich unnötigerweise bei rein sexuellen Problemen aufzuhalten, heißt, sich selbst betrügen. Viele der zugelassenen Therapeuten haben eine gewisse Ausbildung in Sexualtherapie, aber es gibt einige ausgesprochene Spezialist/innen unter ihnen. Beim Erstgespräch kann man sich näher darüber informieren. Seriöse Sexualtherapeuten machen *niemals* Annäherungsversuche! Es können »Hausaufgaben« aufgegeben werden, die dann zuhause im Privatbereich »gemacht« werden.

## Familientherapie

Familientherapie kann eine äußerst effektive, lebensverändernde Erfahrung sein. Wichtig ist, daß eine beträchtliche Anzahl von Familienmitgliedern mit den therapeutischen Treffen einverstanden ist. Die Therapeut/innen müssen eine Ausbildung in Familiensystemen haben. Sie werden mit den verschiedenen Familienmitgliedern die Interaktionsarten bearbeiten, die Anlaß zur Unzufriedenheit sind. Zudem werden neue Möglichkeiten erarbeitet, sich aufeinander zu beziehen.

Ich selbst habe einmal mit meiner Mutter, Schwester und meinem Bruder an einer vierstündigen Sitzung teilgenommen. Mein Vater war zwar gestorben, aber wir hatten ein Foto von ihm dabei, das uns helfen sollte, auch ihn einzubeziehen. Diese eine Erfahrung veränderte gewisse Umgehensweisen in unserer Familie und half mir sehr, alte Wunden zu heilen. Es war das einzige absolut machtvolle Ereignis unter all den vielen Prozessen, die ich durchlief, um zu intakten, glücklichen Liebesbeziehungen zu gelangen.

## Gruppentherapie

Gruppentherapie ist eine effektive und kostengünstige Möglichkeit, sich zu entfalten. Eine kleine Gruppe trifft sich regelmäßig unter Anleitung eines Therapeuten oder zweier Co-Therapeuten. Eine beziehungsorientierte Gruppe kann entweder aus Einzelpersonen, Paaren oder aus einer Mischung von beiden bestehen. Vorteilhaft bei der Gruppentherapie ist, daß die Beteiligten aus ihren gemeinsamen Interaktionen lernen. Damit hat man eine wertvolle Möglichkeit, die eigene Wirkung auf andere herauszufinden – was sich beim Eingehen einer Verbindung als recht nützlich erweist. In diesem Zusammenhang empfehlen sich besonders gemischte Gruppen. Aber auch reine

Frauen- oder Männergruppen sind wertvolle Plätze. Aus persönlicher Erfahrung weiß ich, daß Männer besonders von Männergruppen profitieren, weil sie gerade in unserer Kultur Schwierigkeiten haben, miteinander über persönliche, insbesondere männerbezogene Themen zu sprechen.

Paare können viel voneinander lernen. Gruppen für Paare sind wertvolle Plätze, wo sie von anderen Rückmeldungen über die eigenen Partnerinteraktionen erhalten. Gerade andere decken meist unsere eigenen Schwachpunkte auf, da sie ihre Wahrnehmungen auf Sie spiegeln und Ihnen dadurch helfen, Dinge anders als bisher zu sehen. Diese Therapieart bietet die Möglichkeit, herauszufinden, ob sich die Arbeit an einer weniger gut funktionierenden Beziehung lohnt, ob sie beibehalten werden kann.

In Gruppen läßt sich mit Techniken arbeiten, die sonst nicht angewendet werden können. Die Therapeutin kann beispielsweise Gruppenteilnehmer im Rollenspiel auffordern, Familienmitglieder, den Chef oder andere für die Problematik relevante (nicht anwesende) Personen »spielen« zu lassen. Das kann in Form des Psychodramas geschehen, bei dem die gesamte Gruppe teilnimmt, oder in einfacher Form, die nur zwei oder drei Personen aus der Gruppe einbezieht.

## Körpertherapie

Dieser Therapiebereich baut auf der Theorie auf, daß gewisse Emotionen in den Muskeln unseres Körpers solange festgehalten werden, bis sie sich durch entsprechende Intervention lösen. Wir haben die Tendenz, einen uns in unserer Ausdrucksfreiheit einschränkenden Muskelpanzer zu entwickeln. So kann zum Beispiel ein Kindheitstrauma Teil unserer Muskulatur werden und unsere Reaktionen auf gewisse Umstände beeinflussen. Manchmal ist eine Kombination von Gesprächs- und Körpertherapie bei schwierigen Übergangsphasen oder beim Durchbrechen einer Blockade besonders wertvoll.

Zu den angewendeten Techniken gehören unter anderem die Therapie nach W. Reich, Bioenergetik, Biofeedback, Rolfing, Feldenkrais und die Alexander-Technik. Die Ausbildung und Zulassung zur Ausübung von Körpertherapien ist unterschiedlich; auch hier können Details erfragt werden. Etliche Therapeuten (und einige Psychiater) verwenden Körpertherapien als Spezialtechnik – davon insbesondere die von W. Reich sowie bioenergetische Techniken. Körpermassagen unterschiedlichster Art sind zwar keine psychologischen Therapien, aber ungewöhnlich hilfreich bei der Streßreduktion, vor allem, wenn schwierige Zeiten durchzustehen sind.

### Andere Therapien

Hypnose als therapeutische Technik kann von entsprechend ausgebildeten Personen auch ohne psychologische Schulung durchgeführt werden. Auch zugelassene Therapeuten schätzen sie als wertvolles Hilfsmittel. Spirituelle Berater/innen können aufgrund des mit den Klienten geteilten spirituellen oder religiösen Glaubens ebenfalls sehr hilfreich sein. Rebirthing und Regressionstherapie sind von Therapeuten oder entsprechend ausgebildeten Personen ausgeübte Spezialtechniken.

## Engagieren von Therapeuten

An erster Stelle steht die Überlegung, welche Art von Hilfe notwendig ist. Dann folgt die Wahl des richtigen Therapeuten oder der richtigen Gruppe – eine wichtige Entscheidung, die sorgfältiger Planung bedarf. Sie mögen zunächst vielleicht etwas verunsichert sein, wenn Sie sich zum erstenmal damit beschäftigen, aber das ist durchaus normal. Daß der erste Anruf oft von ängstlichen Gefühlen begleitet ist, entspricht einer häufig gemachten Erfahrung. Der Schritt zur Veränderung kann erschreckend sein, aber auch spannend und befreiend.

Ich empfehle den Leuten immer, drei Therapeut/innen aufzusuchen und dann die- oder denjenigen auszuwählen, die/der ihnen am hilfreichsten erscheint. Nicht nur Ausbildung und Berufserfahrung sind wichtig, sondern wie Sie sich mit dieser Person fühlen. (Nicht alle Therapeut/innen sind gleich gut, aber selbst ein sehr kompetenter Therapeut mag Ihnen nicht zusagen.) Das Vorgespräch gibt Ihnen Gelegenheit, Fragen zu stellen. Notfalls können gewisse Dinge zusätzlich über das Telefon geklärt werden.

Wählen Sie mit großem Bedacht, wenn die Therapie für Sie optimal sein soll. Seien Sie Therapeuten gegenüber skeptisch, die Ihnen zu schnell erzählen, was nicht stimmt, die Sie zu schnell einer bestimmten Kategorie zuordnen, die zu rasch von der Annahme des Kindesmißbrauchs ausgehen. Fürchten Sie nicht, einem Therapeuten, der Ihnen nicht zusagt, eine Absage zu erteilen. Vergessen Sie nicht: Nicht Sie müssen sich um den Therapeuten sorgen, sondern der Therapeut um Sie. Natürlich ist es, wie überall im Berufsalltag, wichtig, die üblichen Gepflogenheiten einzuhalten – Pünktlichkeit, nur die notwendigsten Telefonate und die Einhaltung sonstiger Regeln.

Ist die Wahl dann getroffen, sollte das Therapieziel so klar wie möglich formuliert werden. Gute Therapeuten erwarten das. Seien Sie offen und ehrlich, damit die Therapie von Anfang an optimal verlaufen kann. Und befolgen Sie das, was der/die Therapeut/in mit Ihrer Zustimmung als nützlich erkannt hat. Die therapeutische Arbeit besteht nicht darin, Ihnen Ratschläge zu erteilen, sondern darin, Ihnen bei Ihrer Entwicklung behiflich zu sein, damit Sie sich selbst Ratschläge erteilen können.

Eine Therapie bezieht sich nicht nur auf die Sitzungen, sondern auch auf die Zwischenzeiten, in denen Sie zum Beispiel »Hausaufgaben« erledigen. Sie versuchen neue Verhaltensweisen und stellen dabei fest, wie es Ihnen ergeht. In der nächsten Stunde berichten Sie dann darüber. Manche Therapeut/innen geben keine Aufgaben auf, sondern stellen einfach fest, daß Sie in dem Maß, wie sich Ihr Selbstverständnis verändert, die Dinge auch anders tun.

Da Therapien die Lebensqualität verändern, empfiehlt sich eine besonders sorgsame Therapeutenwahl. Und vergessen Sie nicht, daß Therapien nicht immer angenehm sind. Wenn Sie jedoch Ihre Grenzen ausdehnen wollen und an Wachstum interessiert sind, wird sich Ihr Einsatz in jeder Hinsicht auszahlen.

# 11 Intakte Beziehungen

Intakte Beziehungen sind weder Zufälle noch Glückssache. Sie sind *Kreationen*. Wenn Ihnen Kraft aus erhöhter Selbstbewußtheit zufließt, können die aus der Herkunftsfamilie stammenden und in den Erwachsenenbeziehungen noch nachwirkenden negativen Beziehungsstrukturen transformiert werden.

Aufgrund meiner eigenen negativen und früh in meinem Leben erlernten Strukturen hatte ich schmerzhafte Beziehungen. Sie stellten sich jedoch auch als wertvolle Lernerfahrung heraus, die mich erkennen ließ, was ich wollte und was ich brauchte. Am wichtigsten war dabei, daß mir diese Erfahrungen ein starker Anreiz waren, persönlich zu wachsen und den Prozeß zu verstehen, den wir bei einer Partnerwahl durchlaufen. Das tiefe Glück und die Zufriedenheit, die ich an meinem Hochzeitstag empfand, kamen teilweise aus dem Erkennen, daß ich mir schließlich, zusammen mit meinem Mann, die erträumte Beziehung geschaffen hatte.

Im besten Fall ist das Leben als Paar eine Erfahrung des Lernens und Liebens. Bemüht sich jede der beteiligten Personen, auf die Verletzlichkeiten der anderen verständnisvoll und unterstützend zu reagieren, dann können beide auch wachsen. Wenn Ihre größte Angst zum Beispiel die Verlustangst ist, dann verhelfen Sie sich zu mehr Selbstvertrauen, indem Sie dem Partner (in seiner Angst, vereinnahmt zu werden) mehr »Raum« zugestehen. Dies ermöglicht ihm, sich auch zu entwickeln und bei dem Erfahrungsprozeß die Nähe zu lernen, die dann wiederum Ihr Bedürfnis nach mehr Intimität erfüllt.

Denken Sie einen Moment über die Lektionen nach, die Ihre Probleme aus der Herkunftsfamilie Sie gelehrt haben. In welcher Weise macht dieses Wissen Sie verletzlich? (In dem Sinn, daß Sie sowohl offener sind als auch das Bedürfnis haben, sich zu schützen). In welcher Weise macht es Sie stärker?

Sollten solche Fragen für Sie schwierig sein, dann erinnern Sie sich, daß es Entschlossenheit erfordert, einen maximalen Effekt aus den Kindheitslektionen zu ziehen. Sie wissen, daß Ihre Entwicklung vorangeht, wenn Sie sich auf ihre eigenen inneren Gefühle konzentrieren statt auf die Menschen, die die Ursache Ihres Glücks oder Unglücks waren. Je mehr Sie sich der zu bearbeitenden inneren Anteile bewußt werden, um so bereiter werden Sie für eine intakte Beziehung – sei es nun eine bereits bestehende oder eine neue.

## Ist es wirklich machbar?

Oft werde ich von Leuten gefragt, ob ich Menschen kenne, die wirklich glücklich miteinander sind. Tatsache ist, daß ich und mein Mann zwei solche Leute sind. Wir haben uns genug Zeit genommen, einander kennenzulernen, bevor wir eine partnerschaftliche Verpflichtung eingegangen sind. Andere mir bekannte glückliche Menschen genießen es, ihre Beziehungen spannend zu erhalten. Eine junge Frau erzählte mir: »Ich weiß nicht, was ich an meinem Hochzeitstag erwartete, aber die ersten fünf Jahre meiner Ehe waren die besten meines Lebens.« Ich weiß nur, daß sie und ihr Mann eifrig an ihrer Ehe arbeiteten. Aber woran arbeiten sie genau? Im folgenden untersuchen wir einige allgemeine Charakteristika intakter Beziehungen und Familien.

## Charakteristika von Partnern in intakten Beziehungen

1. *Sie leiden nicht an der Vergangenheit*. Gesunde, in Beziehung oder Familie eingebundene Menschen wiederholen nicht ständig schmerzliche Erfahrungen in ihrem Leben. Sie sind sich der alten Muster bewußt und arbeiten gemeinsam daran, wodurch sie viel eher zu einer angenehmen und spannenden Liebesbeziehung gelangen. Freundschaft und Kameradschaft erhalten einen größeren Stellenwert, Unstimmigkeiten werden rasch gelöst. Sie sind in einer Weise zusammengewachsen, daß sie das befriedigende Gefühl haben, »es dieses Mal richtig gemacht«, die alten Muster, die früher Rechtfertigungen und Wut auslösten, überwunden zu haben. Diese Art des Reifens kann im frühen Erwachsenenalter beginnen und sich durch einen allmählich vollziehenden Prozeß zunehmender Selbstbewußtheit ziehen. Damit werden Rechtfertigungen unnötig, eine freudvolle Beziehung kann entstehen.

2. *Sie sind flexibel*. Manchmal werden Regeln gewohnheitsmäßig beibehalten und nicht auf ihre aktuelle Eignung überprüft. Veränderte

Situationen erfordern flexible Reaktionen. Starre Regeln und unbeugsame Verhaltensweisen sind oft eine Schutzreaktion auf Ängste und engen ein.

Bewußte Paare entwickeln ihre Beziehungsmuster sorgsam und folgen nicht blindlings den Verhaltensweisen ihrer Eltern oder anderer Personen. Maria und Lewis fanden zum Beispiel heraus, daß sich bei ihnen die Umkehrung des traditionellen Rollenverhaltens am besten bewährte. Maria hatte eine anspruchsvolle, hochdotierte Tätigkeit als Managerin. Sie genoß ihre Arbeit, brauchte zu Hause jedoch Unterstützung. Lewis kochte gern und kümmerte sich um sie und das Kind. Diese Umstellung forderte von ihnen einige Verhaltenskorrekturen, da sie weder der Norm noch ihrer Erziehung entsprach. Sie wußten, daß es »paßte«, und arbeiteten mit gutem Erfolg darauf hin. Ich horchte auf, als Lewis zu Maria sagte: »Ich möchte wirklich ein anspruchsvolles Gespräch, wenn du nach Hause kommst.« Ihre Antwort war: »Ich weiß, du möchtest reden, aber ich muß zuerst still sein und fernsehen.« Das ist natürlich genau die Umkehrung der geschlechtsspezifischen Kommentare, die wir oft in Beziehungen zu hören bekommen.

3. *Sie schätzen Humor.* Humor ist eng mit Flexibilität verbunden. Die Fähigkeit, auf Abstand zu gehen und das Lächerliche einer Situation zu erkennen, setzt Spannungen frei.

Humor kann auch ein zweischneidiges Schwert sein. Wir haben alle schon erlebt, daß jemand beleidigend war und dann sagte: »Verstehst du denn keinen Witz? Ich habe doch nur Spaß gemacht.« Ich kenne eine Familie, für die die Mutter immer die Zielscheibe war. Auch sie lachte mit, erkannte aber schließlich, daß ihre Selbstachtung am Sinken war. Zu dieser Zeit ließ sie sich von ihrem Mann scheiden; aber die Kinder machten weiterhin Witze auf ihre Kosten. Nun begann sie anders darauf zu reagieren. Jedesmal, wenn die Kinder die »typische« Art von Witz machten, sagte sie: »Das ist überhaupt nicht witzig.« Endlich hörten die Kinder mit ihrer herabsetzenden Art auf, da sie die Verletztheit der Mutter erkannten.

4. *Sie berühren sich angemessen.* In einer intimen Beziehung sind Berührungen äußerst wichtig. Sie beschränken sich aber nicht allein auf eine kraft- und freudvolle Sexualität. Maßgebend sind nicht klischeehafte Verallgemeinerungen, wie sie in gewissen Zeitschriften zu

finden sind, sondern der von beiden Partnern gefundene Stil und das gemeinsame Tempo.

Selbst die einfachste Berührung kann mehr als Worte in einer völlig anderen Art ausdrücken. Virginia Satir, eine international geachtete Familientherapeutin, sprach von zwölf Umarmungen pro Tag, um eine gesunde emotionale Verbindung zu halten. Ohne diese Umarmungen entwickeln wir das sogenannte Berührungsdefizit. Ein Mann wollte, daß seine Frau abnimmt. Der Arzt sagte: »Legen Sie jeden Tag mindestens fünfmal Ihre Arme um sie und drücken sie. Es muß Ihnen nicht unbedingt danach sein. Tun Sie es einfach!« Die Frau nahm ab, und der Mann lernte, seine Frau gern zu umarmen.

5. *Sie erkennen sich an.* Manche selbstsichere Menschen mögen sich zur eigenen Zufriedenheit selbst genügen. Aber ein Liebespartner (auch Freund/innen) zur Seite, der die großen und kleinen Leistungen versteht und schätzt, ist Balsam für die Seele.

Als ich im Kindergarten unterrichtete, hatte ich einen schwierigen Jungen. Er war ziemlich groß und streitsüchtig. Er kannte Wörter, die Eltern durch und durch gingen, und wiederholte diese auch. Oft riß er ganz plötzlich seine Arme auseinander und brachte ein anderes Kind zum Stolpern und Weinen. Natürlich besserte mein ständiges Schimpfen sein Verhalten nicht.

Ich suchte also dringend nach etwas, das dieser Junge gut konnte, und entdeckte, daß er gern sang. Das war das Entscheidende, das sein Verhalten änderte. Er kannte die Texte aller Kinderlieder. Jeden Tag fand ich Möglichkeiten, ihm zu sagen, wie schön er sang. Sein Verhalten änderte sich, er wurde ein glücklicheres Kind – und man konnte ihn leichter um sich haben. In allen von uns lebt ein kleines Kind, das geschätzt werden möchte und sich schlecht benimmt, wenn es nicht gelobt wird.

6. *Sie setzen Grenzen und respektieren sie.* Wo beginne ich, und wo hörst du auf? Welche Angelegenheit ist meine und welche ist deine? Wenn sich Paare verlieben, verschmelzen ihre Grenzen meist dramatisch. Sie sind an den kleinsten Detail ihres Lebens interessiert. Nach einer Weile kann das jedoch für einen von ihnen oder für beide erdrückend werden. Es kann vorkommen, daß sie streiten, nur um Distanz herzustellen.

Jim erzählte mir folgende Geschichte: Er mußte sich auf eine wichtige, allerdings erst in sechs Monaten fällige Prüfung vorbereiten.

Seine Frau Margaret erinnerte ihn ständig daran und drängte ihn, zu lernen. Eines Tages sagte er: »Ich möchte nicht, daß du schon wieder mit der Prüfung anfängst. Das ist mein Problem, ich kümmere mich selbst darum. Wenn ich sechs Wochen vorher noch nicht angefangen habe, dann kannst du sagen, was immer du möchtest.« Zu seiner Überraschung war seine Frau erleichtert, daß sie keine Verantwortung übernehmen und wegen dieser Prüfung keine Pläne verschieben mußte. Die Grenzsetzung nutzte beiden. Um ihrer Erleichterung Ausdruck zu verleihen, bereitete sie beiden ein besonderes Abendessen mit Kerzenschein.

Entscheidend für das Wohlergehen einer Beziehung ist der Respekt vor den Vorlieben und der Individualität bzw. Identität der Partnerin oder des Partners.

7. *Sie kommunizieren.* Verständigung ist in einer intakten Beziehung von großer Wichtigkeit. (Siehe 7. Kapitel über das Lernen, Gefühle offen zu zeigen und die Fähigkeit/Bereitschaft, wirklich zuzuhören.) Verständigung funktioniert, wenn Partner/innen ihre wahren Gefühle mitteilen und nicht nur die Botschaften, sondern auch die Gefühle hinter den Worten hören. Wir dürfen nicht vergessen: Wie wir etwas sagen, ist genauso wichtig wie das, was wir sagen. Nonverbale Botschaften und der Ton sind machtvolle Kommunikatoren. (Man kann auf so viele Arten sagen: »Ich liebe dich.« Und so viele »verborgene« Gefühle können hinter dieser einfachen Aussage herausgehört werden, je nachdem, wie sie gesagt wird!)

Vielleicht ist mangelnde Selbstbewußtheit das größte Hindernis für eine authentische Kommunikation. Wenn man die eigenen Empfindungen nicht kennt, kann man sie auch nicht mitteilen; der Partner weiß dann wirklich nicht, was in Ihnen vorgeht. Wäre Jim sich seiner Verärgerung nicht bewußt gewesen, hätte er sie in Form einer Anschuldigung statt in Form der Ich-Botschaft ausgedrückt. Seine Frau hätte ihn weiterhin an die Prüfung erinnert und sein Unmut wäre gewachsen. Beide hätten sich dann gefragt, warum sie sich so unzufrieden und distanziert fühlen – und hätten ein großes Abendessen versäumt. Keiner von beiden wüßte über die Gefühle des/der anderen Bescheid. Dieses übliche Kommunikationsdefizit verdirbt nicht nur den Tag, sondern zehrt auch an der Liebe.

8. *Sie gehen den Konflikt direkt an.* Menschen, die wachsam und konstruktiv sind, befinden sich zuweilen in einem Konflikt, bei dem es wichtig ist, über effektive Umgehensweisen zu verfügen. Ärger muß in einer nicht verletzenden Art ausgedrückt werden. Eine Möglichkeit ist, die Erlaubnis (Aufmerksamkeit) der Partnerin oder des Partners zu bekommen, um die Gefühle mitzuteilen (und nicht Anschuldigungen auszusprechen). Das dauert meiner Erfahrung nach etwa 30 bis 60 Sekunden, wenn man darauf konzentriert bleibt.

Hat man sich von der Frustration befreit, kann der/die Partner/in um eine Verhaltensänderung gebeten werden. Wichtig ist, daß die Bitte klar formuliert ist und tatsächlich eine Änderung des *Verhaltens* und nicht der Einstellung gemeint ist. Nun kann eine Verhandlung folgen, die jedoch die Bedürfnisse beider Partner berücksichtigen muß. Es empfiehlt sich sehr, dieses »Abkommen« mit einer Umarmung abzuschließen.

Man muß sich unbedingt klarmachen, daß der Konflikt gesund ist und beide Personen Verhaltensänderungen verlangen können. Beide Partner sollten erkennen, wie wichtig es ist, auf diese Änderungswünsche zu reagieren und ehrlich antworten, was sie tatsächlich tun können und was nicht.

9. *Sie können voneinander lernen.* Wenn Sie sich zu jemandem hingezogen fühlen, die oder der ein Problem aus einer Ihrer früheren Lebensphasen erstehen läßt, dann ist es von entscheidender Bedeutung, mit diesem »alten« Problem anders umgehen zu lernen. (Am Beispiel von Emily und Ted zu Beginn des Buches konnten wir verfolgen, wie das funktioniert.)

Lernen Partner dagegen nicht aus ihren Verschiedenheiten, werden diese mit Sicherheit zum Konfliktstoff. Zwei Beispiele: Carl und Frieda – er zielorientiert, sie verspielt und entspannt – lernten ihre Unterschiede schätzen. Carl brachte es fertig, Zeit von seiner Zielstrebigkeit abzuzweigen (und sie zu genießen), und Frieda lernte es, sich besser zu organisieren und an ihren eigenen Leistungen Gefallen zu finden.

Virginia und Les gingen zum Beispiel verschieden mit Geld um. Virginia war am Detail interessiert, kümmerte sich um die Steuern und führte ihr Scheckbuch genau. Les dagegen verdiente gern Geld, mochte es aber nicht verwalten. Anstatt diese Konstellation zum Konfliktstoff werden zu lassen, lernten beide ihren jeweiligen Beitrag anzuerkennen. Les schätzte das Talent seiner Frau und kooperierte mit ihr, während sie wußte, wann sie es selbst tun mußte, damit es »richtig« war. So lernte Les allmählich von Virginias Geschäftsgebaren, während Virginia von Les lernte, nicht mehr akribisch jedes Detail zu verfolgen. Das war nicht immer leicht, da beide eine feste Einstellung zu Geld entwickelt hatten, die von Kindheits- und Jugenderlebnissen geprägt war. Jedesmal, wenn es zum Konflikt kam, lernten sie jedoch mehr über ihre Verletzlichkeiten. Da sie ihre Grenzen erweitern und sensibel sein wollten, kamen sie sich näher. Mit Klugheit lernten sie, ihre Unterschiede für sich zu nutzen.

10. *Sie haben Spaß zusammen.* Der eigentliche Sinn des Zusammenseins ist, das Leben gemeinsam zu genießen. Und dazu gehört auch Spaß – sei es nun ein spontanes Tänzchen in der Küche oder ein gut organisierter Urlaub. Spaß ist die Belohnung für eine gesunde Beziehung. Wichtig für vielbeschäftigte Menschen (was die meisten sind) ist, Zeiten der Freude und des Spaßes einzuplanen. Ein junges Paar mit wenig Geld genoß es, zu Hause einfache Spiele miteinander zu spielen. Da er beim Kartenspielen immer gewann, beschlossen sie, »Jacks« zu spielen – ein Kinderspiel mit kleinem Gummiball und Metallsternchen. Bei diesem Geschicklichkeitsspiel gewann *sie*. Sie kicherten bei seinen Versuchen, mit dem kleinen Ball umzugehen; einem Spiel, bei dem ihm der Verstand allein wenig weiterhalf.

John und Carolyn sind ein anderes Paar mit zwei Kindern. Sie freuten sich über das Lächeln des Babys und die gespielten Situationen, in die sie ihr kleiner Junge führte. Sie liebten es, mit den Kindern in den Park zu gehen oder Ausflüge zu machen. Carolyn sagte: »Wenn man die Welt mit ihren Augen sieht, ist es, als wäre man selbst wieder Kind.« Sie hatten viel Freude.

11. *Sie erkennen und verstehen die verschiedenen Lebensphasen.* Für Alleinstehende wie Paare gehört zur Entwicklung im Leben das Durchlaufen verschiedener Phasen. Solche Lebensphasen werden in einer intakten Beziehung anerkannt, die mit ihnen einhergehenden Veränderungen erwartet und geschätzt.

Dem Ende der Jugend und Übergang zum Erwachsenenalter folgt zum Beispiel oft eine lange Phase der Konzentration auf Karriere und Familie. Diese Zeit – die zwanziger, dreißiger und der Beginn der vierziger Jahre – ist charakterisiert durch das Streben nach Erfolg und gesellschaftlichem Ansehen sowie das Großziehen der Kinder. Es ist nicht einfach, die Anforderungen dieser beiden schwierigen Sachverhalte im Gleichgewicht zu halten. Daher überlegen viele Paare, wie sie mit dieser Lebensphase umgehen können. Entweder verschieben sie die Kinder auf später, oder sie tun neue Möglichkeiten der Kombination von Kind und Arbeit auf. In diesem Fall teilen viele Männer die Verantwortung für die Kinderbetreuung mit ihren Frauen, anstatt sich völlig von der eigenen Karriere vereinnahmen zu lassen.

In den vierziger Jahre kommt es dann meist zu einer neuen Bewertung der Lebensziele, wozu auch die Hinterfragung der Beziehung selbst gehört. Bewußte Paare begrüßen diese Hinterfragung. Sie sind Verbündete bei der Klärung, »ob das alles ist« und suchen möglicherweise nach Änderungen.

In den fünfziger, sechziger und späteren Jahren neigen die Menschen dazu, jetzt, da ihre Familienverantwortung geringer geworden ist, nach außen zu sehen und festzustellen, welchen Beitrag sie zum Leben anderer leisten können – das bezieht sich auf Aufgaben im Kommunalbereich bis hin zu größeren gesellschaftlichen Zuammenhängen. Diese oft als Zeit des »Älterseins« bezeichnete Phase kann für ein Paar, das jetzt gemeinsam nach außen blickt, zu einer sehr bereichernden und befriedigenden Erfahrung werden. Es wird Gelegenheiten für Muße wie auch für persönliches und spirituelles Wachstum geben – gemeinsam und einzeln. Mein Mann und ich stehen in dieser Phase, und das Leben ist für uns erfüllend und aufregend.

## Beispiel einer gesunden Beziehung

Alle oben aufgeführten Charakteristika finden meist Eingang in eine langfristige, gesunde Beziehung. Susan und Peter sind beispielhaft für ein Paar mit einer intakten Ehe. Sie sind seit fünfundzwanzig Jahren verheiratet, aber in ihrer Anwesenheit hat man das Gefühl, mit Neuverliebten zusammen zu sein. Ganz offensichtlich sind sie stark voneinander angezogen.

Was »arbeitet« für sie? Kürzlich gingen wir zusammen essen, so daß ich sie über ihre Ehe befragen konnte. Die Unterhaltung war so angeregt, daß wir die Leute um uns herum vergaßen und ich mein Essen kaum anrührte. Die Qualität ihrer gemeinsamen Erfahrung ist offensichtlich das Ergebnis von viel geteiltem Verstehen und Einsehen. Peter bemerkte: »Wir brauchen nicht viel Distanz zueinander. Wir denken beide, das es wundervoll ist, zu lieben und geliebt zu werden, und wir werden nichts tun, um das zu gefährden.« Er war über das, was ihn zu Susan so hinzieht, begeistert. »Sie verließ ihren Weg, um mich zu treffen. Sie hatte Ideen, die sie mit Leidenschaft erfüllten, und sie war auch bereit, darüber zu sprechen. Ich war beeindruckt – und angeturnt! Wir haben ähnliche Wertvorstellungen, wenn auch verschiedene Interessen. Sie ist sportlich. Ich mag keinen Sport. Sie liebt die Kunst und ist an Spiritualität interessiert. Ich mag Computer, Gärtnern und Politik. Aufgrund dieser unterschiedlichen Interessen haben wir viel voneinander gelernt.« Sie akzeptieren ihre Unterschiede also nicht nur, sondern schätzen sie auch.

Ich fragte Susan, was sie an einem Mann suchte. Mit funkelnden Augen und lebhafter Stimme sagte sie: »Ich wollte einen Mann, der mich wegen meines Beitrags zur Welt schätzte und nicht nur als Person, die sich um das Haus kümmert. Ich war entschlossen, nicht abhängig wie meine Mutter zu werden. Bevor ich Peter traf, träumte ich, ein Vogel in einem hübschen Käfig zu sein, dem ich entfliehen wollte. Mit 21 hatte ich eine Identitätskrise. Meine Mutter schickte mich zu einem Psychiater. Er lebte nicht in dieser aufgeklärten Zeit und sagte, ich solle ›letzten Endes den Käfig akzeptieren‹. Meine Reaktion war: ›Oh, nein, das werde ich nicht! Ich werde nicht heiraten.‹ Aber Peter war anders. Die Leute sagten mir immer, ich würde zuviel reden. Ich liebe es zu reden. Und Peter wollte eine, die sich mitteilt, die über Dinge sprechen will, gefiel es ihm. Bevor wir heirateten, lebten wir zusammen, was vor 25 Jahren in unserer Stadt im Mittleren Westen unakzeptabel war. Aber wir wollten auf keinen Fall eine Ehe, in der wir wie unsere Eltern gefangen waren.«

Peter unterbrach: »Wir haben beide schon immer im Beruf gearbeitet; in den ersten sechs Jahren unserer Ehe aßen wir nur draußen.«

»Wie fühlten Sie sich dabei?« wollte ich wissen.

»Ich habe es geliebt. Ich schrieb einen Restaurantführer. Ich wollte nicht, daß sie sich durch den Haushalt gefangen fühlt.«

Und Susan fügte hinzu: »Jahrelang hatte ich mein eigenes Bankkonto. Es war für mich wichtig zu wissen, daß ich nicht abhängig war.«

Im Gespräch über seine Familie und prägenden Jahre erzählte Peter: »Als ich etwa acht Jahre alt war, lebten wir für kurze Zeit bei meinen

Großeltern väterlicherseits. Großmutter hielt die ganze Familie zusammen und sagte schreckliche Dinge über meine Mutter. Mutter bat meinen Vater, sich für sie einzusetzen, was er aber nicht tat. Meine Schwester und ich waren im Nebenzimmer und weinten. Ich schwor mir, daß das niemals jemand einer Person antun durfte, die ich liebte! Ich verstehe heute, daß diese Verhaltensweisen meiner Familie den Hintergrund für meinen politischen Einsatz für Unterprivilegierte bilden.«

Susan erzählte über ihren Familienhintergrund, daß sie ihre Mutter für eine sehr intelligente Frau halte, die jedoch keine Möglichkeit für eine höheren Bildung gehabt hatte. Sie spüre, daß ihre Mutter ihre Unzufriedenheit über die traditionelle Rolle als Frau leugne, obwohl ihr Mann diese Rolle von ihr erwartet und *sie von sich selbst auch*! Susan kritisierte ihre Mutter offen als Vorbild für ihr eigenes Frausein. Sie stellte fest, daß sie selbst in vieler Hinsicht eine Ehe geschaffen habe, von der sie glaubt, daß ihre Mutter sie gern gehabt hätte – einschließlich der eigenen Persönlichkeitsentfaltung und einem liebenden Partner.

Susan und Peter haben einen erwachsenen Sohn, dessen Erziehung sie wie folgt beschreibt: »Wir gestalteten unseren Haushalt ohne Zankereien. Wir beide hassen Zank. Wir sprachen mit ihm über seine Regeln, und manchmal änderte er unsere Meinung. Wir lernten viel von ihm. Wir erzogen ihn mit dem Wissen, daß Peter und ich unser eigenes Leben eher für uns als für ihn leben. Er respektiert das. Wir kritisierten ihn nie, aber er entwickelte seine eigene innere Kritik, genau wie wir. Heute ist er reif für sein Alter – intuitiv, ausgeglichen und ein guter Student.«

Susan zog eine Geburtstagskarte aus ihrem Geldbeutel. In sorgfältiger Druckschrift hatte er Zeilen voll Anerkennung für sie als Mensch und als Mutter geschrieben.

Bevor ich ging, stellte ich eine letzte Frage: »Was sind für Sie die entscheidenden Elemente Ihres Erfolgs als Paar?«

Peter antwortete als erster: »Das Wichtigste ist, daß wir uns gegenseitig das tiefe Bedürfnis, geliebt, geschätzt und anerkannt zu werden, erfüllen. Wir attackieren uns in keiner Weise.« Und Susan fügte hinzu: »Wir wollen beide Liebe, und wir brauchen beide Liebe. Sie ist uns so wertvoll, daß wir nichts tun würden, um sie zu gefährden, zu entehren oder zu ruinieren. Wir mögen das Gefühl der Liebe so sehr, daß wir es pflegen. Berührungen sind uns wichtig.« Sie hielten sich am Tisch bei der Hand und sahen sehr verliebt aus.

Susan fuhr fort: »Unsere Beziehung ist das Fundament für unsere Arbeit und unseren Erfolg. Bevor wir uns trafen, war alles schwerer. Es war schwer, eine Beziehung ausfindig zu machen und gleichzeitig zu arbeiten.«

Peter stimmte zu: »Ich glaube, für uns war es wichtig, die Dinge sofort anzusprechen und nicht erst Negatives sich ansammeln zu lassen. Nicht, daß wir keine Meinungsverschiedenheiten hätten. Aber früh in unserer Ehe trafen wir eine Regelung, daß wir mit einer Uneinigkeit nicht zu Bett gehen würden. Und so verbrachten wir oft schlaflose Nächte, bis wir uns ausgesprochen hatten.«

Was kann man von diesem inspirierenden Paar lernen? Ich bin von der enormen Bewußtheit beeindruckt, die sie in ihre Beziehung gebracht hatten. Statt sich an alten Rollenmodellen zu orientieren, sahen sie sich um und gestalteten ihre Ehe sorgfältig und achtsam, damit sie beide ihren persönlichen Bedürfnissen gerecht werden konnten. Ihre Kindheit war in beiden Fällen nicht ideal gewesen, und doch dienten ihre Familien in vieler Hinsicht als Sprungbrett für ihre Beziehung. Trotz unterschiedlichem religiösen Hintergrund ähnelten sich die grundlegenden Wertvorstellungen und Probleme beider Familien. Susan und Peter behielten die positiven Werte bei und nutzten die Probleme, um etwas für sie Geeignetes zu schaffen.

Beide waren entschlossen, ihre Individualität zu schätzen und zu pflegen, statt die emotionale Abhängigkeit ihrer Eltern zu wiederholen. Während langer Diskussionen legten sie viele Regeln und Grenzen fest. Sie respektierten nicht nur die eigene und die Individualität des Gegenübers, sondern schufen eine individuelle Beziehung, die sich von ihren Herkunftsfamilien und der »Norm« unterschied. Ihre augenfällige Vitalität und Liebe berührt auch die Leben, mit denen sie in Kontakt kommen.

In dem bisher unveröffentlichen Gedicht einer Freundin kommt die Kraft der Familie und kultureller Strukturen als Sprungbrett für Veränderung und Wachstum zum Ausdruck:

## The Heritage

*I speak not of you, my sweet mother.*

*When I curse, I curse the centuries of oppression that weighed you to the floor and held you there in ist vise with me in your arms and your mother before you and hers before her and hers before.*

*I rail not against you, my father, but against the slavery in your genes that destined you to enslave me as you were enslaved by those before and ever since.*

*I turn away not to discredit your noble effort to show me how to live your dream. I turn away to honor that dream by awakening from it and standing upon your shoulders even as they shake. I bless and praise your dreary struggle that fed this passion in my soul to forge where you would never dare.*

*From this alien view, I can see you and those who have gone before and your hearts are clapping and your eyes are dancing in the joy of our flight. Because you know you are with me. And you know that just for moments, we are free. At long last, just for moments, we are free.*

Sarah Edwards

## Das Erbe

Ich spreche nicht von dir, meine liebe Mutter.

Wenn ich fluche, dann verfluche ich die Jahrhunderte der Unterdrückung, die dich zu Boden drückten und dort niederhielten mit mir in den Armen, und deine Mutter vor dir und vor ihr die ihre und wieder die ihre.

Ich schimpfe nicht über dich, Vater, sondern über die Sklaverei in deinen Genen, die dich dazu bestimmte, mich zu versklaven, wie du versklavt wurdest von denen vor dir und von der Zeit an.

Ich wende mich nicht ab, um dein edles Bemühen zu entehren, mir zu zeigen, wie dein Traum zu leben sei. Ich wende mich ab, um diesen Traum zu ehren, indem ich aus ihm erwache und auf deinen Schultern stehe, wenn sie auch schwanken. Ich segne und preise deinen trostlosen Kampf, der diese Leidenschaft in meiner Seele nährte, dahin vorzustoßen, wo du es nie wagtest.

Aus dieser fremden Sicht kann ich dich sehen und all jene, die davor waren, und eure Herzen applaudieren, und eure Augen tanzen vor Freude über unseren Flug. Denn du weißt, du bist bei mir. Und du weißt, für Momente sind wir frei. Endlich, für Momente, sind wir frei.

Sarah Edwards

Wie kann man nun das neue Bewußtsein, das wir aus dem Studium der Familienstruktur und den neuen Einsichten gewonnen haben, in die Tat umsetzen – das heißt, eine Beziehung großartig gestalten? Einsichten sind nur dann von Wert, wenn sie Verhaltensänderungen nach sich ziehen. Im folgenden eine Übersicht wichtiger Empfehlungen:

1. *Heilen Sie sich selbst.* Die Verletzungen aus schmerzlichen Lebenserfahrungen lassen sich heilen. Warten Sie nicht auf eine Partnerin oder einen Partner, »um alles besser zu machen«. Lernen, trauern und wachsen Sie persönlich, damit sie sich wohl fühlen. Das läßt sich durch Lesen, Schreiben, Kurse, Workshops oder Einzel- oder Gruppentherapie erreichen. Eine klare Sicht der Beziehungen in der Herkunftsfamilie können hilfreich sein. Sprechen Sie mit alten Freunden und Familienmitgliedern.

2. *Beobachten Sie, in welcher Weise Sie Beziehungen sabotieren.* Anstatt Partner zu beschuldigen, ist darauf zu achten, wie man unbewußt die gefürchteten Situationen selbst schafft. Vielleicht ertappen Sie sich bei Gedanken wie »alle Männer sind ...« oder »alle Frauen sind ...«. Sehen Sie tief in sich hinein (vielleicht mit fremder Hilfe), um herauszufinden, wie Ihre Erwartungshaltung Sie genau die Art von Beziehung schaffen läßt, die Sie fürchten. Dazu bedarf es Ehrlichkeit zu sich selbst und Mut. Das ist nicht leicht, und Hilfe mag angesagt sein.

3. *Dehnen Sie in neuen Situationen ihre Grenzen aus.* Wenn emotionale Intimität furchterregend erscheint, verweilen Sie bei dieser Situation etwas länger. Gehen Sie kleine Risiken ein. Ist mangelndes Selbstvertrauen das Problem, dann unternehmen Sie mehr allein. Wenn Ihre Kriterien Schönheit oder Erfolg bei der Partnerwahl sind und Sie noch niemanden gefunden haben, dann versuchen Sie es mit anderen Eigenschaften. Schließen Sie sich neuen Gruppen an. Tun Sie im gesellschaftlichen Rahmen etwas Unbequemes, dehnen Sie sich in Richtung Wachstum.

4. *Wählen Sie den Umgang mit Menschen, die emotional gesund und entwicklungsorientiert sind.* Machen Sie sich folgende bewußte oder unbewußte Beziehungsfalle klar: »Ich liebe ihn/sie so sehr, daß er/sie sich ändern muß.« Wir können uns innerhalb einer Beziehung ändern, aber nicht aufgrund des Plans einer anderen Person. Würden Sie wollen, daß jemand Sie nach den eigenen Vorstellungen ändert? Vermutlich nicht. Die beschlossene Absicht, sich bei Wünschen, Bedürfnissen und Wachstum zu unterstützen, ist gesund und unterscheidet sich wesentlich von der geheimen Absicht, einander zu ändern.

5. *Entlarven Sie Ihre wichtigsten eigenen Beziehungsfallen.* Welches Verhaltensmuster oder welche Eigenschaft hat mir die größten Schmerzen in Beziehungen gebracht? Beispiel: »Meine Mutter war kritisch. Ich war ihr nie gut genug. Ich habe Partner gewählt, die mir dabei halfen, dieses vertraute Gefühl wiederaufleben zu lassen.« Sie mögen sich noch immer zu Menschen hingezogen fühlen, die dieses Gefühl erzeugen, aber da Sie wachsen, wird sich das Ausmaß der Schwierigkeiten verringern. Daß eine aufregende, herausforderne Beziehung weitgehend auf diese Falle verzichten kann, ist eine wundervoll befreiende Erkenntnis und Erfahrung. Erkennen Sie also die Falle – der erste Schritt in Richtung Neues und Besseres. (Die Übungen des Buches sind bei dieser Erkenntnisfindung von großem Wert.)

6. *Elemente der Freundschaft erkennen.* Eines der wichtigsten Elemente einer befriedigenden Liebesbeziehung ist, daß man wirklich eine gemeinsame Freundschaft hat. Freunde freuen sich aneinander, vertrauen einander, teilen miteinander und haben Spaß zusammen. Natürlich bieten Freundschaften außerhalb der Liebesbeziehung ebenfalls wichtige Gelegenheiten, sich aufeinander zu beziehen.

Wir streben alle nach glücklichen, intakten und stabilen Beziehungen. Sie stellen sich zwar nicht »zufällig« ein, *sind aber durchaus erreichbar.* Daher möchte ich mit einer Visualisierung über Ihre Zukunft schließen. Vielleicht sollte sie Ihnen jemand vorlesen. Machen Sie es sich bequem und stellen Sie sich alle Elemente Ihres Lebens – Sie selbst, Ihr Umfeld, Ihre Beziehungen – genau so vor, wie Sie sie gern hätten.

# 9. Übung: Zukunftsvisualisierung

*Schließ jetzt deine Augen. Stell dir dich in fünf Jahren vor. Betrachte dein Gesicht und dein Haar ... Wie fühlst du dich als fünf Jahre ältere Person ...? Achte auf deinen Körper und deine Kleidung ... Wie fühlst du dich mit dir?*

*Achte nun auf die Umgebung deiner Wohnung. (Du kannst den Platz wählen, an dem du jetzt lebst – vielleicht etwas verändert – oder woanders.) Ist er in der Stadt oder auf dem Land ...? In den Bergen ...? Am Strand ...? Ist es eine Wohnung, ein Haus oder etwas anderes ...? Was wächst rundherum ...? Gras, eingetopfte Pflanzen, Bäume, Blumen ...? Was siehst du von der Vorderfront aus ...? Himmel, Hochhäuser, andere Wohnungen, Natur ...?*

*Geh jetzt hinein. Welche Farben siehst du ...? Welchen Stil oder welche Stimmung hat die Ausstattung ...? Wie ist das Zuhause eingerichtet, deinem Lebensstil entsprechend ...? Gibt es für dich oder für euch – deinem/r Liebespartner/in und dir – genügend Raum ...? Gibt es Raum für Arbeit, für Kinder, Tiere, andere Gefährt/innen, für Gäste ...? Wie spiegelt diese Umgebung dein Leben in jener Zeit ...?*

*Stell dir nun den oder die anderen vor, die mit dir an diesem Platz leben. Lebt ein Liebespartner mit dir ...? Wie ist sie/er ...? Energiezustand ...? Alter ...? Erscheinung ...? Interessen ...? Familie ...? Traditionen ...? Andere Werte ...? Wie fühlst du dich, wenn du mit diesem Freund/Geliebten/Partner zusammen bist ...?*

*Stell dir ein Essen in kleinem Kreis mit den Leuten deines Zuhauses vor. Wer ist da ...? Wer hat das Essen gekocht ...? Gibt es Gelächter, Unterhaltung, Musik ...? Oder ist es ruhig ...? Wie fühlst du dich in dieser von dir geschaffenen Atmosphäre ...? Stell dir vor, daß andere in das Haus kommen. Ist es eine große Gruppe, eine kleine Gruppe oder jemand für eine Zeit der Zweisamkeit ...?*

*Stell dir nun einen Arbeitstag oder eine nützliche Aktivität vor. Sieh dich, wie du die Arbeiten beginnst. Was motiviert dich ...? Fordert dich heraus ...? Wie fühlst du dich, wenn du die Arbeiten beendest ...?*

*Stell dir das Tagesende vor. Du bist bereit zu entspannen und zu Bett zu gehen. Bist du allein oder mit einem/r Partner/in ...? Wie fühlst du dich? Von welcher Qualität ist deine Beziehung zu dir selbst ...? Zu deinem/r Partner/in ...? Wie fühlt es sich an, ins Bett zu kriechen ...? Und wie fühlt es sich an, morgens in diesem Zuhause aufzuwachen, mit jener Person oder allein ...?*

*Verlaß nun diese Lebensphase und geh weiter zu deinem achtzigsten Geburtstag ... Es ist Abend, und du feierst in deinem Zuhause, deiner Art entsprechend ... Wer ist da ...? Familie, Freunde, Nachbarn ...? Was ist dir am wichtigsten ...?*

*Stell dir vor, irgend jemand stellt folgende Fragen: »Bist du zufrieden damit, wie du dein Leben gelebt hast?« »Hast du so geliebt und bist auch so wiedergeliebt worden, wie du es dir erträumt hast, als du jünger warst?« »Wenn du zurückgehen und Dinge anders machen könntest, was würdest du tun/verändern ...?*

*Vervollständige die Erfahrung deiner Zukunft. Wenn du dann soweit bist, öffne die Augen. Vielleicht möchtest du einen Stift nehmen und die Dinge aufschreiben, die du heute tun kannst, um dir die erträumte Zukunft zu ermöglichen.*

Was können Sie bereits in dieser Woche tun, um Ihre Vision zu fördern?

*Tun Sie es!*

# Literatur


Axline, Virginia M.: *Kinderspieltherapie im nicht-direktiven Verfahren*. München 1990.

Bach, George R./Ronald Deutsch: *Pairing*. New York 1971.

Bach, George R./Peter Wyden: *Streiten verbindet. Spielregeln für Liebe und Ehe*. Gütersloh 1997.

Bader, Ellyn/Peter Pearson: *In Quest of the Mythical Mate: A Developmental Approach to Diagnosis and Treatment in Couples Therapy*. New York 1988.

Balswick, Jack: *The Inexpressive Male*. Lexington 1988.

Barbach, Lonnie/David L. Geisinger: *Zusammenbleiben wäre eine gute Alternative*. München 1995.

Bernard, Jesse: *The Future of Marriage*. New York 1973.

Bly, Robert: *Eisenhans. Ein Buch über Männer*. München 1993.

Brinkley, Ginny/Linda Goldberg/Janice Kukar: *Your Child's First Journey: A Guide to Prepared Birth from Pregnancy to Parenthood*. Wayne 1982.

Boszormenyi-Nagy, Ivan/Geraldine M. Spark: *Unsichtbare Bindungen. Die Dynamik familiärer Systeme*. Stuttgart 1998.

Bradshaw, John E.: *Mut zur Selbstverantwortung. Sein eigenes Ich finden und sich von der Familie abnabeln*. München 1992.

Brazelton, Thomas Berry: *Babys ertstes Lebensjahr*. Vom Autor überarbeitete Neuausgabe. München 1994.

Brown, Molly Young: *The Unfolding Self: Psychosynthesis and Counseling*. Los Angeles 1983.

Campbell, Susan M.: *Beyond the Power Struggle*. San Luis Obispo 1984.

Campbell, Susan M.: *The Couple's Journey: Intimacy as a Path to Wholeness*. San Luis Obispo 1980.

Carter, E./M. McGoldrick: *The Familiy Life Cycle: A Framework for Family Therapy*. New York 1980.

Castine, Jacqueline: *Recovery from Rescuing*. Deerfield Beach 1989.

Cowan, Connell/Melvyn Kinder: *Was Männer wollen. Warum sie gehen, weshalb sie bleiben*. Düsseldorf 1995.

Coyle-Hennessey, Bobbi: *Once More with Love: A Guide to Marrying Again*. Notre Dame 1993.

Curran, Dolores: *Traits of a Healthy Family*. Minneapolis 1983.

Davidson, Joy: *Das Spiel mit dem Feuer. Die Lust am Drama im Leben der Frau*. Köln 1990.

DeAngelis, Barbara: *Wie viele Frösche muß ich küssen? So finden Sie den richtigen Mann*. München 1996.

Diamond, Jed: *Looking for Love in All the Wrong Places: Overcoming Romantic and Sexual Addictions*. New York 1988.

Dinkmeyer, Don/Gary D. McKay: *The Parents' Handbook*. American Guidance Service, 3. Auflage, hrsg. von Circle Pines.
Dowling, Collette: *Der Cinderella-Komplex. Die heimliche Angst der Frauen vor der Unabhängigkeit*. Gütersloh 1997.
Estés, Clarissa Pinkola: *Die Wolfsfrau. Die Kraft der weiblichen Urinstinkte*. München 1993.
Estés, Clarissa Pinkola: *Und es war gut so. Geschichten als Geschenk für die Seele*. München 1995.
Faludi, Susan: *Die Männer schlagen zurück*. Hamburg 1995.
Farrell, Warren: *Why Men Are the Way They Are*. New York 1986.
Farrell, Warren: *Mythos Männermacht*. Frankfurt am Main 1995.
Felder, Leonard A.: *A Fresh Start: How to Let Go of Emotional Baggage and Enjoy Your Life Again*. New York 1987.
Firestone, Robert W.: *The Fantasy Bond*. New York 1987.
Fisher, Bruce: *Rebuilding: When Your Relationship Ends*. San Luis Obispo 1987.
Fisher, Robert: *The Knight in Rusty Armor*. North Hollywood 1990.
Forward, Susan: *Liebe als Leid. Warum Männer ihre Frauen hassen und Frauen gerade diese Männer lieben*. München 1988.
Forward, Susan: *Emotionale Erpressung*. München 1998.
Framo, James L.: *Explorations in Marital and Family Therapy*. New York 1982.
Friedan, Betty: *Der Weiblichkeitswahn oder Die Selbstbefreiung der Frau*. Hamburg 1988.
Gray, John: *Männer sind anders, Frauen auch*. München 1998.
Gray, John: *Mars liebt Venus, Venus liebt Mars. Wege zur erfüllten Partnerschaft – Erfahrungen aus der Praxis*. München 1998.
Gray, John: *What Your Mother Couldn't Tell You and Your Father Didn't Know*. New York 1994.
Haley, Jay: *Direktive Familientherapie*. München 1977.
Halpern, Howard: *Liebe und Abhängigkeit. Wie wir übergroße Abhängigkeit in einer Beziehung beenden können*. Salzhausen 1995.
Harding, Christopher (Hrsg.): *Wingspan: Inside the Men's Movement*. New York 1992.
Hendrix, Harville: *Getting the Love You Want: A Guide for Couples*. New York 1988.
Hotchner, Tracy: *Pregnancy and Childbirth*. New York 1984.
James, John/Ibis Schlesinger: *Are You the One for Me?*. Reading 1987.
James, Muriel/Dorothy Jongeward: *Born to Win: Transactional Analysis with Gestalt Experiments*. Reading 1971.
James, Muriel/Dorothy Jongeward: *Spontan überleben. Übungen zur Selbstverwirklichung*. Hamburg 1986.
Jampolsky, Gerald, G.: *Love is Letting Go of Fear*. Millbrae 1979.
Jeffers, Susan: *... aber lieb sind sie doch. Die notwendige Demontage des Feindbildes Mann*. Düsseldorf 1991.
Keen, Sam: *Feuer im Bauch*. Bergisch Gladbach 1993.

King, Vivian: *Inner Theatre Playbook: An Interactive Guide to Personal Change.* Santa Fe 1994.
Kipnis, Aaron/Elizabeth Herron: *Wilder Frieden. Das Experiment einer neuen Partnerschaft zwischen Frauen und Männern.* Hamburg 1997.
Kipnis, Aaron/Elizabeth Herron: *Knights without Armor: A Practical Guide for Men in Quest of Masculine Soul.* Los Angeles 1991.
Kritzberg, Wayne: *The Adult Children of Alcoholics Syndrome. Health Communications.* Pompano Beach 1985.
Kübler-Ross, Elisabeth: *Interviews mit Sterbenden.* Stuttgart 1989.
Kuriansky, Judy: *How to Love a Nice Guy.* New York 1990.
Lederman, Ellen: *Passen wir zusammen? Perfekte Partner.* München 1991.
Lemen, Kevin: *The Birth Order Book: Why You Are the Way You Are.* New York 1984.
Lemen, Kevin: *Living in a Step Family without Getting Stepped on.* Nashville/Atlanta 1994.
Mayer, Nancy: *The Male Mid-life Crisis.* New York 1979.
Miller, Alice: *Das Drama des begabten Kindes und die Suche nach dem wahren Selbst.* Frankfurt a.M. 1994.
Minuchin, Salvador: *Familie und Familientherapie. Theorie und Praxis struktureller Familientherapie.* Freiburg 1997.
Montagu, Ashley: *Körperkontakt. Die Bedeutung der Haut für die Entwicklung des Menschen.* Stuttgart 1997.
Montagu, Ashley: *Die natürliche Überlegenheit der Frau.* Wien 1955.
Moore, Robert/Douglas Gillette: *König, Krieger, Magier, Liebhaber: die Stärke des Mannes.* München 1992.
Moseley, Douglas/Naomi Moseley: *Dancing in the Dark: The Shadow Side of Intimate Relationships.* Georgetown 1994.
Moustakas, C. E.: *Psychotherapy with Children: The Living Relationship.* New York 1979.
Napier, Augustus Y.: *The Fragile Bond: In Search of an Equal, Intimate and Enduring Marriage.* New York 1988.
Napier, Augustus Y.: *Ich dachte, meine Ehe sei gut, bis meine Frau mir sagte, wie sie sich fühlt.* München 1996.
Papernow, Patricia: *Becoming a Stepfamily: Patterns of Development in Remarried Families.* San Francisco 1993.
Paul, Jordan/Margaret Paul: *Do I Have to Give Up Me to Be Loved by You?* Minneapolis 1983.
Paul, Jordan/Margaret Paul: *Free to Love.* Los Angeles 1983.
Paul, Norman/Betty Byfield Paul: *Puzzle einer Ehe.* Stuttgart 1977.
Peck, M. Scott: *Der wunderbare Weg. Eine neue Psychologie der Liebe und des spirituellen Wachstums.* München 1996.
Perls, Frederick S.: *Gestalt-Wahrnehmung. Verworfenes und Wiedergefundenes aus meiner Mülltonne.* Frankfurt 1981.
Probstein, Bobbie: *Return to Center.* Marina Del Rey 1985.

Satir, Virginia/Michelle Baldwin: *Familientherapie in Aktion. Die Konzepte von Virginia Satir in Theorie und Praxis*. Paderborn 1987.

Satir, Virginia/Michelle Baldwin: *Kommunikation, Selbstwert, Kongruenz. Konzepte und Perspektiven familientherapeutischer Praxis*. Paderborn 1990.

Satir, Virginia: *Familientherapie und ihre Erweiterung*. Das Satir-Modell. Paderborn 1995.

Satir, Virginia: *Wege zum Wachstum. Ein Handbuch für die therapeutische Arbeit mit Einzelnen, Paaren, Familien und Gruppen*. Paderborn 1992.

Scarf, Maggie: *Autonomie und Nähe. Grundkonflikte in der Partnerschaft*. München 1988.

Schnarch, David M.: *Constructing the Sexual Crucible: An Integration of Sexual and Marital Therapy*. New York 1991.

Sills, Judith: *Liebe nach dem ersten Blick. Handbuch für Romantiker*. Hamburg 1991.

Slater, Philip: *The Pursuit of Loneliness*. Boston 1971.

Stone, Hal/Sidra Stone: *Abenteuer Liebe – Lebendige Partnerschaft*. München 1997.

Stone, Hal/Sidra Stone: *Du bist richtig. Mit der Voice-Dialogue-Methode den inneren Kritiker zum Freund gewinnen*. München 1996.

Stone, Hal/Sidra Stone: *Du bist viele*. München 1994.

Thomas, Alexander/Stella Chess: *Temperament and Behavior Disorders in Children*. New York 1968.

Viorst, Judith: *Necessary Losses: The Love Illusions, Dependencies and Impossible Expectations That All of Us Have to Give Up in Order to Grow*. New York 1987.

Viorst, Judith: *Mut zur Schwäche. Der Weg zur inneren Balance*. München 1998.

Viorst, Judith: *Mut zur Trennung*. München 1989.

Wallerstein, Judith/Sandra Blakeslee: *Gute Ehen. Wie und warum die Liebe bleibt*. München 1998.

Wallerstein, Judith/Sandra Blakeslee: *Gewinner und Verlierer. Frauen, Männer und Kinder nach der Scheidung. Eine Langzeitstudie*. München 1992.

Whitfield, Charles: *Heilen des inneren Kindes. Hilfe für erwachsene Kinder aus gestörten Familien*. Essen 1993.

# Register

# Danksagung

Vielen Menschen, die mich bei diesem Buchprojekt unterstützt, ermutigt und mir geholfen haben, bin ich zu tiefstem Dank verpflichtet.

Ben Levine, mein Dozent vom Ryokan College, war ein geduldiger Zuhörer, der mir bei der Formulierung meiner Gedanken half. Mit meinen guten Freunden von *The Inside Edge* konnte ich erstmals die Übungen dieses Buches erproben. Ihr ausführliches und intelligentes Feedback war mir unentbehrlich. Die Schriftsteller-Gruppe von *The Inside Edge* war mir Stütze und Inspiration, und die Freunde David Lee und Dyane Mohr waren von unschätzbarem Wert.

Die größte Inspiration verdanke ich Virginia Satir, der bahnbrechenden Familientherapeutin und Schriftstellerin, sowie Dr. Martin Kirschenbaum von der California Graduate School, meinem Professor für Familientherapie. Die Gedanken, die mich zu diesem Buch motivierten, ergaben sich in Zusammenarbeit mit meinem Kollegen Thomas Burns, Trennungsberater und Co-Therapeut.

Die Lebensgeschichten meiner Klientinnen und Klienten haben ebenfalls viel dazu beigetragen. Ich habe sehr viel von ihnen gelernt.

Schließlich danke ich Ihnen, meinen Leserinnen und Lesern. Während der Durchführung dieses Projekts mußte ich oft an Sie denken, denn mein tiefstes Anliegen ist, Wertvolles aus meinem Lebens- und Arbeitsbereich mit Ihnen zu teilen.

Nancy Good

**Wie liebt man einen schwierigen Mann?**

Nöte und Chancen komplizierter Partnerschaften

Aus dem Amerikanischen von Irene Aue

*Broschur, 252 Seiten*

ISBN 3-7205-1918-X

Viele Frauen erleben ihren Partner als schwierig, zu anspruchsvoll, untreu, rücksichtslos, unsensibel oder desinteressiert. Gleichzeitig fühlen sie sich von solchen Männern angezogen und leiden, verzweifeln, fügen sich, nehmen's hin.

Die Psychologin Nancy Good zeigt Frauen anhand von zahlreichen Beispielen, wie sie ihren schwierigen Liebsten »bändigen« können. Ihre praktischen Tips und hilfreichen Empfehlungen eröffnen Wege in eine für beide Seiten glückliche Partnerschaft.

Charles und Caroline Muir

## Tantra

Tanz der Liebe

Aus dem Amerikanischen von Sarah Neves

*Broschur, 176 Seiten*

ISBN 3-7205-2075-7

Die jahrhundertealte Auffassung der sexuellen Liebe als Heiligtum und die Konfrontation mit den Erwartungen des modernen Lebens haben das Ehepaar Muir dazu bewegt, eine sensible und zeitgemäße Einführung in das Tantra zu schreiben. Themen wie Kommunikation, Intimität und sexuelle Heilung sind mit vielen praktischen Übungen sowie Anleitungen und ausgefallenen tantrischen Liebestechniken kombiniert.

Tantra ist eine Kunst des Liebens, die hier für jede und jeden erlernbar ist.

ARISTON

Stephen T. Chang

## Das Tao der Sexualität

Von der Weisheit des Liebens

Aus dem Amerikanischen von Olivia Seijo

*Broschur, 224 Seiten mit zahlreichen Abbildungen*

ISBN 3-7205-2009-7

Im Tao gilt die Sexualität als Fundament für Gesundheit, Kreativität, geistiges Schaffen und auch für Spiritualität. In der taoistischen Tradition wurde der Sexualkraft seit Jahrtausenden große Aufmerksamkeit geschenkt.

Stephen T. Chang verbindet Sexualität mit einer ganzheitlichen Sichtweise auf das Leben, die uns länger, glücklicher und weiser leben läßt.

»Das Tao der Sexualität ermuntert uns, die Praktiken aus den Schlafgemächern Chinas spielerisch und liebevoll zu erforschen.«

Maitryi D. Piontek

ARISTON